D1875247

Heinrich Festing

Mit Kolping in der Welt – Erinnerungen

Heinrich Festing

Mit Kolping in der Welt –

Erinnerungen

BONIFATIUS

Bibliografische Information der Deutschen Nationalbibliothek
Die Deutsche Nationalbibliothek verzeichnet diese Publikation in der Deutschen Nationalbibliografie; detaillierte bibliografische Daten sind im Internet über http://dnb.ddb.de abrufbar.

Umschlagmotiv: Denkmal Adolph Kolpings mit einem wandernden Gesellen vor der Minoritenkirche in Köln

Grafik Umschlag und Innenteil: Karin Cordes, Dipl.-Designerin, Paderborn

ISBN 978-3-89710-580-5

© 2014 by Bonifatius GmbH Druck · Buch · Verlag Paderborn

Alle Rechte vorbehalten. Das Werk einschließlich seiner Teile ist urheberrechtlich geschützt. Jede Verwertung außerhalb der engen Grenzen des Urheberrechtsgesetzes ist ohne Zustimmung des Verlages unzulässig und strafbar. Das gilt insbesondere für Vervielfältigungen, Übersetzungen, Mikroverfilmungen und die Einspeicherung in elektronische Systeme.

Gesamtherstellung:
Bonifatius GmbH Druck · Buch · Verlag Paderborn

Meiner Cousine, Frau Lona Niemann,
in Dankbarkeit gewidmet

Inhalt

Elternhaus – Kindheit – Schule

Berufliche Aus- und Weiterbildung

Vikar und Religionslehrer in Bigge/Sauerland

Diözesanpräses des Kolpingwerkes Diözesanverband Paderborn

Generalpräses des Internationalen Kolpingwerkes und Zentralpräses/Bundespräses des Deutschen Kolpingwerkes in Köln

Paderborn, im Advent 2013

Liebe Schwestern und Brüder!

Von Priestern niedergeschriebene Lebenserinnerungen gehören eher zu einer seltenen Spezies literarischer Gattungen. Ich bedauere das – können sie doch wichtige Quellen für die Kirchengeschichte darstellen, die sich ja nicht nur in einem großen Kontext, sondern auch „vor Ort", in den vielfältigen Einsatzbereichen der Seelsorger, entwickelt.

In diesem Zusammenhang leistet ein Priester unseres Erzbistums, Herr Apostolischer Protonotar Heinrich Festing, mit dem vorliegenden Buch einen Beitrag. In seinen auf vielfachen Wunsch herausgegebenen Lebenserinnerungen zeichnet er die großen Linien seines priesterlichen Wirkens nach, das ihn – nach Kindheit, Ausbildung, Studium und Weihe – zuerst in sein Heimatbistum und später in die ganze katholische Weltkirche führte. Die Arbeit für die Anliegen des großen Priesters und Sozialreformers Adolph Kolping und sein Werk prägte ihn – als Diözesanpräses in Paderborn (1965-1972) und als Generalpräses des Internationalen Kolpingwerkes von 1972 bis 2002.

Im Jahr 1967 trug der damalige Diözesanpräses Festing durch die Gründung des „Kardinal-Jaeger-Schulzentrums" nachhaltig zur Aufbauarbeit im durch den Sechs-Tage-Krieg betroffenen Jordanien bei. Das Zentrum besteht aus Grundschule, Realschule, Gymnasium, Ausbildungseinrichtung für Frauen und Mädchen und Handwerkerschule. Mitfinanziert wurden die Gebäude zu einem großen Teil aus dem Erlös der bekannten Altkleider- und Papiersammlung des Kolpingwerkes, der „Aktion Rumpelkammer". Die Verbindung ins Heimatbistum von Prälat Festing ist durch die Namensgebung der Schule hergestellt: Mein verehrter Vorgänger als Erzbischof von Paderborn, Lorenz Kardinal Jaeger, konnte sich selbst auf einer Jordanien-Reise von der Wirksamkeit der aus dem Geist christlicher Nächstenliebe heraus geleisteten Hilfe überzeugen.

„Schön reden tut's nicht, die Tat ziert den Mann." – Die Lektüre der Lebenserinnerungen von Heinrich Festing zeigt, dass dem Autor dieser Ausspruch des seligen Adolph Kolping eine Lebensmaxime war und ist. Gleich für welche Menschen er als Priester da sein konnte: er hat ihnen Gottes Nähe verkündet und sie „handfest" durch Hilfen aller Art erfahren lassen. Das ist stets ein Anliegen der Kirche. Da der Blick in die Geschichte Anregungen und Ideen zur heutigen Umsetzung dieses Anliegens geben kann, danke ich dem Autor für die Niederschrift und wünsche dem vorliegenden Buch eine weite Verbreitung.

Mit herzlichen Segenswünschen

+ Hans-Josef Becker

Erzbischof

KOLPING INTERNATIONAL

Grußwort

Eine beeindruckende Bilanz können wir vorweisen, wenn wir auf die Kolpingarbeit in 61 Ländern unserer Erde mit ca. 7 300 Kolpingsfamilien und ungefähr 400 000 Kolpingschwestern und Kolpingbrüdern blicken. Das Internationale Kolpingwerk hat eine Größe erreicht, die Adolph Kolping sich sicher nicht erträumt hätte und auf die wir alle miteinander stolz sein können. Aus den Anfängen der Gesellenvereine und des Gesellenbundes ist ein moderner internationaler Sozialverband entstanden. Dies konnte geschehen, weil in der Nachfolge Adolph Kolpings immer wieder Männer, später auch Frauen, die Verantwortung übernommen haben, dass sich die Grundidee, die Visionen Adolph Kolpings, weiterentwickeln konnten, um so in der Gegenwart Platz zu greifen und adäquate Schritte in die Zukunft des Verbandes zu ermöglichen. In einer sehr entscheidenden Phase der Verbandsgeschichte war Prälat Heinrich Festing einer derjenigen, der als Generalpräses 30 Jahre lang aus dieser Verantwortung heraus die Geschicke des Kolpingwerkes positiv gestaltete und so die enorme Ausbreitung und Internationalisierung des Verbandes förderte. Ab den 70er-Jahren dürfen wir – beginnend in Brasilien – die wirkliche Ausbreitung in die sogenannte Dritte Welt mit der Gründung vieler Nationalverbände in Lateinamerika, in Afrika und in Asien konstatieren. Nach der politischen Wende in Europa 1989 ergriff Prälat Festing beherzt die Chance, das Kolpingwerk auch in die Länder Osteuropas auszuweiten, damit auch dort Kolpingsfamilien die Gelegenheit hatten, ihre Arbeit zu begründen oder an alte Traditionen wieder anzuknüpfen, so dass mittlerweile starke Nationalverbände gute Arbeit für die Menschen leisten können. Generalpräses Festing war es ein Anliegen, die Person Adolph Kolpings als Kristallisationspunkt des Kolpingwerkes zu präsentieren und in allen Nationalverbänden mehr und mehr präsent zu machen, um so eine zeitgemäße Umsetzung der Ideen des Gesellenvaters mit zu ermöglichen. Er erstellte Bücher, Materialien, Werkmappen, Schulungsangebote und vieles mehr, um so dem Ziel der Verbreitung der Ideen Adolph Kolpings zu dienen. In diesen Dienst stellte er sich auch selbst, indem er nimmer müde die Kolpingwerke auf der ganzen Welt besuchte, um „vor Ort“ zu sein, um nach Möglichkeit mit vielen Kolpingschwestern und Kolpingbrüdern in die Kommunikation zu treten. Nach meinem Eindruck ist es Generalpräses Festing hervorragend gelungen, nach dem alten Sprichwort: „Lasst uns an dem Alten – so es gut ist – halten und auf diesem guten Grund Neues bauen Stund um Stund“, die gute Tradition des Kolpingwerkes zu bewahren und gleichzeitig die notwendigen Weiterentwicklungen zu fordern und zu fördern.

Generalpräses Msgr. Ottmar Dillenburg

KOLPING
Paderborn

Grußwort

Liebe Kolpingschwestern und Kolpingbrüder,
sehr geehrte Leserinnen und Leser,

die Würde und gleichzeitig die Herausforderung eines Amtes besteht für seinen Träger nicht zuletzt darin, sich in eine Reihe mit Amtsvorgängern gestellt zu sehen, die durch ihre je eigene Persönlichkeit und engagierte Tätigkeit dem Amt ein Profil und vor allem ein unverwechselbares Gesicht gegeben haben. Dies gilt ganz ohne Zweifel und in ausgezeichneter Weise von Prälat Heinrich Festing, der von August 1965 bis zu seiner Wahl zum Zentralpräses des Deutschen Zentralverbandes und Generalpräses des Internationalen Kolpingwerkes im März 1972 als Diözesanpräses in unvergleichlicher Weise unseren Diözesanverband bis heute geprägt hat. Wie Adolph Kolping war – und ist! – Heinrich Festing „ein Mann, der begeistert", der für die Sache Kolpings brennt und andere mit seiner Begeisterung anzustecken weiß. Beispielhaft sei an dieser Stelle an die „Aktion Rumpelkammer" erinnert. Der Erlös dieser unter Federführung der Bezirksverbände regelmäßig durchgeführten Altkleider- und Altpapiersammlung, an der sich seit 1966 viele Kolpingsfamilien beteiligen, kommt sowohl der Internationalen Partnerschaftsarbeit wie auch der Jugend- und Erwachsenenbildung und sozialen Projekten im Diözesanverband Paderborn zugute. Erinnert werden muss auch an die Kolping-Bildungsstätte Weberhaus Nieheim, die unter Diözesanpräses Festing für Jahrzehnte zu einer identitätsstiftenden Institution und Heimat für den gesamten Diözesanverband, insbesondere für die Jugendlichen und die Familien, wurde. In Festings Amtszeit fällt auch die Gründung des Kolping-Bildungswerkes Diözesanverband Paderborn e. V. (1967) mit den Kolping-Berufsförderungszentren Witten und Paderborn (beide 1970). Ende Juni 1969 finden in Castrop-Rauxel die Europatage statt mit 531 Teilnehmern aus 13 Nationen; am Europazeltlager nehmen 160 Jugendliche teil. Bei der

Schlusskundgebung mit über 6 000 Teilnehmern spricht der österreichische Bundeskanzler Dr. Josef Klaus zum Thema „Es werde Europa".
Als amtierender Diözesanpräses danke ich meinem verehrten Amtsvorgänger für seine Bereitschaft, neben seiner Tätigkeit als Priester und Seelsorger und trotz seiner inzwischen über 80 Lebensjahre die Mühe auf sich genommen zu haben, dieses wichtige Buch zu schreiben. Als Diözesanverband Paderborn sind wir stolz und zugleich dankbar, Generalpräses i. R. Prälat Heinrich Festing bei uns zu haben und durch ihn in besonderer Weise Teil der Geschichte des Internationalen Kolpingwerkes in der Zeit nach dem 2. Weltkrieg zu sein.

Ich wünsche diesem Buch eine weite Verbreitung auch über das Kolpingwerk hinaus und viele interessierte Leserinnen und Leser.
Treu Kolping!

Paderborn, im November 2013

Ansgar Wiemers
Diözesanpräses

Grußwort

Heinrich Festing wurde am 15. Januar 1962 zum Vikar in St. Martin, Bigge, ernannt. Am 2. Dezember 1962 wurde er zum Präses der hiesigen Kolpingsfamilie gewählt. Die örtliche Kolpingsfamilie setzte zu dieser Zeit mit ihrem neuen Präses ihren Schwerpunkt auf junge Familien. Daher führte er regelmäßig Familieneinkehrtage durch.
Ebenso intensiv kümmerte sich Vikar Festing aber um die Schüler- und Jugendarbeit in der Pfarrgemeinde und als Dekanatsjugendseelsorger auch im Dekanat Bigge. Zu Beginn seiner Amtszeit rief er eine Theatergruppe ins Leben. Höhepunkt dieser Arbeit war die Aufführung des religiösen Schauspiels „Gott war auch in Ninive". Über 100 Jugendliche wirkten dabei mit. Nach der Uraufführung in Bigge wurde dieses Stück in Meschede, Paderborn und in der Westfalenhalle in Dortmund aufgeführt. Die Kolpingsfamilie erlebte zu dieser Zeit einen Aufschwung und bekam durch die Jugend- und Familienarbeit eine neue Qualität. Ferner wurde die Bildungsarbeit im Ortsverband und auf Dekanatsebene ausgebaut und weiter vorangetrieben. Bis September 1965 war Heinrich Festing Präses der örtlichen Kolpingsfamilie und Bezirkspäses im Bezirksverband Brilon-Süd. Es folgte dann seine ehrenvolle Berufung zum Diözesanpräses des Kolpingwerkes Paderborn.
Unsere Kolpingsfamilie ist heute ein starker und nicht mehr wegzudenkender Verband in der katholischen Kirchengemeinde St. Martin, Bigge. Die Aufgaben haben sich im Laufe der Jahre gewandelt. Der Kolpingsgedanke wächst und blüht auch heute noch weiter in unserem Ortsverband und weltweit. Wurden vor 50 Jahren schwerpunktmäßig junge Familien in den Blick genommen, so ist es heute bei uns die Jugendarbeit. Ebenso hat sich die Kolpingsfamilie in den vergangenen Jahrzehnten international sehr engagiert. Im Jahr 1994 wurde Kontakt mit der Kolpingsfamilie Agbanto in Benin in Westafrika aufgenommen.
Mit mir fuhren im Jahr 2006 zum ersten Mal junge Erwachsene der Kolpingsfamilie Bigge nach Benin. Gemeinsam haben wir mit afrikanischen Jugendlichen und Erwachsenen in Agbanto ein Krankenhaus aufgebaut. In den Jahren 2008 und 2010 folgten weitere Reisen. Im Jahr 2011 wurden Jugendliche der Kolpingsfamilie Agbanto nach Bigge eingeladen. Ein weiterer Besuch von uns ist für das Jahr 2014 geplant. Auf diese Weise wollen wir das Wort von Papst Paul VI. in seiner Enzyklika „Populorum progressio" umsetzen: „Entwicklung ist der neue Name für Friede."

In diesem Sinne ist das Buch von Generalpräses a. D. Heinrich Festing ein wichtiges Dokument für die Ausbreitung des Internationalen Kolpingwerkes nach dem Zweiten Weltkrieg. Es ist daher allen Mitgliedern und Verbündeten des Kolpingwerkes sehr zu empfehlen.

Richard Steilmann
Pfarrer von St. Martin, Bigge

Ein erster Blick auf meinen Lebensweg

1930	10. Dezember: geboren in Ratsiek, Kreis Detmold
1937–1945	Besuch der Volksschule in Sabbenhausen, Kreis Detmold
1945–1948	Tischlerlehre in Lügde, NRW
1948–1952	Tischlergeselle in Lügde, NRW
1952–1956	Besuch des Abendgymnasiums in Neuss/Rhein zur Erlangung des Abiturs
1956–1958	Studium der Philosophie und Theologie in Paderborn
1958–1959	Studium der Theologie in Lyon/Frankreich
1959–1961	Abschlussstudium der Theologie in Paderborn
1961	21. Dezember: Priesterweihe im Hohen Dom zu Paderborn
1962–1965	Vikar in Bigge/Sauerland
1965–1972	Diözesanpräses des Kolpingwerkes Diözesanverband Paderborn
1972–2002	Generalpräses des Internationalen Kolpingwerkes in Köln Zugleich Rektor der Minoritenkirche mit den Gräbern des seligen Johannes Duns Scotus und des seligen Adolph Kolping
2002	Ab 1. Juli: Ruhestand in der Heimatgemeinde Sabbenhausen Subsidiar für die Seelsorge in der Heimatpfarrei St. Michael Falkenhagen

Einführung

Es war nie meine Absicht, eine „Selbstbiographie" zu schreiben. Wenn ich nun doch ein Buch über die Ausbreitung des Kolpingwerkes während meiner Amtszeit als Generalpräses des Internationalen Kolpingwerkes herausgebe, dann hat das folgenden Grund: Aus Anlass des 200. Geburtstages Adolph Kolpings am 8. 12. 2013 wurde ich von vielen Kolpingsfamilien und Einrichtungen des Kolpingwerkes sowie von kirchlichen und gesellschaftlichen Gruppen eingeladen, über „Adolph Kolping und sein Werk" zu referieren, Einkehrtage zu halten oder Gottesdienste zu feiern. Ganz besonders wurde ich dabei gebeten, die Ausbreitung des Kolpingwerkes nach dem Zweiten Weltkrieg in der Dritten Welt und in den Ländern Osteuropas nach der „Wende" im Jahr 1989 durch mein Mitwirken darzustellen.
Ausgangspunkt und Grundlage meiner Mitarbeit zur Ausbreitung des Kolpingwerkes in den Entwicklungsländern war die Enzyklika „Populorum progressio" von Papst Paul VI. mit dem Kernsatz: „Entwicklung ist der neue Name für Frieden". Darum habe ich schon als Diözesanpräses des Kolpingwerkes DV Paderborn stets auf die Bedeutung des Kolpingwerkes für die sogenannte Dritte Welt hingewiesen und durch persönlichen Einsatz in die Tat umgesetzt. Das war der Grund dafür, dass ich immer wieder gebeten wurde, meine Aktivitäten, Erfahrungen und Erfolge schriftlich festzuhalten.
Zur Ausbreitung des Kolpingwerkes in der Dritten Welt musste ich zunächst immer erst Gespräche mit Bischöfen, Priestern, Vertretern der Regierungen usw. führen, um deren Einwilligungen einzuholen. Solche Gespräche waren nicht immer sehr leicht und auch nicht immer sofort erfolgreich. Denn Kolpingsfamilien vor Ort zu gründen und deren Zusammenschlüsse zu einem Sozialverband auf Länder- und Staatsebene nach europäischem Vorbild einzurichten, war in den Entwicklungsländern weithin unbekannt und rief daher bisweilen auch Misstrauen hervor. Überzeugen konnte ich die Gesprächspartner in den meisten Fällen aber mit der Begründung und Darstellung, dass die Kolpingsfamilien und deren Zusammenschlüsse auf höherer Ebene Träger, Förderer und Verantwortliche für die Entwicklungsprojekte des Internationalen Kolpingwerkes seien. Nur so ist es uns gelungen, das Kolpingwerk in den Ländern der Dritten Welt aufzubauen und damit verbunden auch Entwicklungshilfe in diesen Ländern zu leisten.
Mein besonderes Anliegen als Vikar in der Gemeinde Bigge/Sauerland, später als Diözesanpräses des Kolpingwerkes Paderborn und schließlich als Generalpräses des Internationalen Kolpingwerkes war es, über die Arbeit

in der Dritten Welt hinaus auch Verbindungen zu Kolpingmitgliedern in den Ländern Osteuropas zu halten, in denen das Kolpingwerk durch die kommunistischen Regime verboten war. Das war nur möglich durch vorgetäuschte „Tourismus-Reisen" in die Länder Ungarn, Tschechoslowakei, Jugoslawien und Polen, um dort mit vertrauten Personen – Priestern und Laien – geheime Gespräche zu führen. Diese Besuche und Gespräche waren für alle Beteiligten nicht ungefährlich. Ich habe sie immer in der stillen Hoffnung durchgeführt, einmal wieder gemeinsam im Internationalen Kolpingwerk vereint zu sein. Dieser Tag kam schneller als erwartet durch den Zusammenbruch des Kommunismus in Osteuropa und durch die „Wende" im Jahre 1989.

Anders als in den aufgeführten Ländern Osteuropas war die Situation in der ehemaligen DDR, wo das Kolpingwerk nicht verboten war. Dort konnten wir vom Westen her Kontakte knüpfen und Verbindungen mit Kolpingsfamilien und Diözesanverbänden pflegen. Sie mussten aber auf ostdeutschem Boden stattfinden, weil die Bürger der DDR nicht nach Westdeutschland reisen durften. Ich habe die Gelegenheit genutzt, im Laufe der Zeit alle etwa 175 Kolpingsfamilien in Ostdeutschland – bis auf einzelne Ausnahmen – persönlich zu besuchen. Darüber hinaus habe ich mit Herrn Wilhelm Hendker aus Dortmund von 1962 bis zur „Wende" im Jahr 1989 ununterbrochen an der jährlich im Januar stattfindenden „Kolping-Konferenz" der ostdeutschen Diözesen in einem Waisenhaus in Ostberlin teilgenommen, wo Rückschau auf das vergangene Jahr und Vorschau auf das soeben begonnene Jahr gehalten wurde. Auch die Reisen und Teilnahme an den Konferenzen waren nicht ungefährlich für beide Seiten, weil ich vom Staatssicherheitsdienst der DDR ständig beobachtet wurde – wie aus den Akten der „Stasi" zu ersehen ist.

Der Erfolg meiner intensiven Arbeit in der Dritten Welt wie auch in den Ländern Osteuropas blieb nicht aus. Denn zu Beginn meiner Amtszeit als Generalpräses des Internationalen Kolpingwerkes im Jahre 1972 bestand das Kolpingwerk in 14 Ländern. Als ich es im Jahre 2002 meinem Nachfolger übergab, waren es 60 Länder in allen Erdteilen. Diese Entwicklung möchte ich auf vielfachem Wunsch in diesem Buch schriftlich festhalten.

Lügde-Sabbenhausen, am zweihundertsten Geburtstag Adolph Kolpings,
8. Dezember 2013

Heinrich Festing, Generalpräses a. D.

Elternhaus – Kindheit – Schule

Anstelle eines tabellarischen Lebenslaufes, der ja schon am Beginn des Buches aufgezeichnet ist, möchte ich hier die Erlebnisse wiedergeben, die ich in meinem Elternhaus, in der Schule und in der Kirche meiner Heimat während meiner Kindheit erlebt habe.

Mit meinen beiden jüngeren Brüdern Johannes und Josef bin ich in einem religiös-kirchlich geprägten Elternhaus aufgewachsen. Mein Vater war Schuhmacher wie Adolph Kolping. Mit meiner Mutter betrieb er eine kleine Landwirtschaft. Meine Mutter war eine sehr fromme und weltoffene Frau. Sie hat uns Kindern von klein an durch ihr Vorleben und Beispiel für das ganze Leben religiös geprägt. Letztlich verdanke ich ihr auch meine spätere Berufung zum Priestertum. Mein Vater hat auf seiner „beruflichen Wanderschaft" als Schuhmachergeselle in den Kolpinghäusern Rietberg und Wiedenbrück den „Katholischen Gesellenverein", das Kolpingwerk, kennen gelernt. Als überzeugter „Kolping-sohn" hat er uns Kindern schon in der Wiege die Kolpinglieder vorgesungen und uns Adolph Kolping und sein Werk nahe gebracht. So bekam ich bereits von Kindheit an eine Beziehung zu Adolph Kolping und seinem Werk. Wie stolz und dankbar wäre er wohl gewesen, wenn er noch erlebt hätte, dass ich einmal der siebte Nachfolger Adolph Kolpings werden würde.

Hochzeitsfoto meiner Eltern Heinrich und Theresia Festing

Ostern 1937 wurde ich in der katholischen Volksschule in Sabbenhausen eingeschult. Als im Jahre 1940 die katholischen Volksschulen aufgelöst wurden, musste ich in die „Gemeinschaftsschule" von Sabbenhausen übersiedeln. Drei Lehrer waren zu dieser Zeit an der Schule tätig. Während einer dieser Lehrer sehr vom Nationalsozialismus geprägt war und uns Kindern davon zu überzeugen suchte, waren die beiden anderen

Lehrer überzeugte Christen mit festen Bindungen an ihre Kirchen. Dem evangelischen Lehrer Heumann und dem katholischen Lehrer Remmert habe ich unendlich viel zu verdanken. Denn sie haben es verstanden, uns Kindern im Spannungsfeld zwischen Kirche und Nationalsozialismus zu helfen, den Verlockungen und Verführungen der Ideologie des III. Reiches nicht zu erliegen. Wo das Elternhaus nicht im Glauben und in der Kirche fest verankert war, sind viele junge Menschen leider den nationalistischen Ideologien erlegen.

Mein erster Schultag in der katholischen Volksschule Sabbenhausen im Jahre 1937

Spannungsfeld zwischen Kirche und Nationalsozialismus

Mit Beginn des 4. Schuljahres wurden wir in einem feierlichen Akt in die Gruppe „Jungvolk" aufgenommen. Am Ende der Volksschulzeit folgte die feierliche Aufnahme in die „Hitlerjugend". Das geschah am Ende des Zweiten Weltkrieges im April 1945. Die amerikanischen Truppen hatten bereits das Ruhrgebiet erobert. Trotzdem mussten wir bei dieser Feier noch den Eid auf den Führer Adolf Hitler ablegen. Eltern, die sich dem widersetzten, drohte man mit harten Konsequenzen.

Das haben meine Eltern während des Dritten Reiches immer wieder erfahren, weil mein Bruder Johannes aus Krankheitsgründen nicht regelmäßig an den wöchentlichen „Gruppenstunden" des Jungvolks oder anderer Veranstaltungen teilnahm. In diesen Gruppenstunden, in denen Sport, Spiele und andere Veranstaltungen durchgeführt wurden, wurde besonders die nationalistische Ideologie indoktriniert. So kollidierten sie mit dem Elternhaus und der Kirche. Wenn ich dieser Ideologie nicht erlegen bin, dann verdanke ich das ausschließlich meinen Eltern, meinen oben erwähnten Lehrern und meinem damaligen Vikar und Jugendseelsorger Karl Klein. Ich will aber nicht verhehlen, dass es mir oft schwergefallen ist,

meine Treue zur Kirche offen zu bekennen und dafür Spott und Hohn in einer glaubensfeindlichen Umgebung zu ertragen.
In unserer Diasporasituation der Kirche mit einem Drittel Katholiken war es fast unmöglich, sich nicht aktiv am Leben des Jungvolks oder der Hitlerjugend zu beteiligen. Dafür war der Druck vieler Mitschüler schon zu gewaltig. Zudem wurden Eltern von den „Parteigremien der Nazis" so unter Druck gesetzt, dass sie es nicht wagen konnten, ihre Kinder von den nationalsozialistischen Gruppen und Veranstaltungen fernzuhalten.
Hier muss ich ein ganz großes Kompliment meinen Eltern und vielen katholischen und auch evangelischen Eltern aussprechen. Denn unter schwierigen äußeren Verhältnissen haben sie darauf bestanden, dass ihre Kinder am religiösen Unterricht und am kirchlichen Leben teilnehmen konnten. Dafür möchte ich zwei Beispiele anführen:
Am Fest der Heiligen Drei Könige haben meine Eltern und viele andere darauf bestanden, am Morgen zunächst den Gottesdienst mitzufeiern und danach am Schulunterricht teilzunehmen. Für jedes Kind, das nicht am vollen Schulunterricht teilgenommen hat, mussten die Eltern zwölf Reichsmark Strafe zahlen.
Wie schon oben erwähnt, wurden die Gruppenstunden des Jungvolks und der Hitlerjugend sehr oft – besonders im Sommer – am Sonntagmorgen angesetzt. Das kollidierte dann meistens mit den Gottesdiensten. Für uns Katholiken in Sabbenhausen sah das dann so aus: An einem Sonntag war bei uns die Frühmesse um 7.30 Uhr. Danach konnten wir pünktlich um 9.00 Uhr am „Dienst" teilnehmen. Wechselweise war am anderen Sonntag der Gottesdienst um 10.30 Uhr. Da war es dann unmöglich am Gottesdienst teilzunehmen. Da es für meine Familie wie für

Meine Mutter, der ich viel zu verdanken habe

viele andere selbstverständlich war, am Sonntag den Gottesdienst mitzufeiern, mussten wir die Frühmesse um 7.30 Uhr in der Pfarrkirche in Falkenhagen mitfeiern, um danach am „Dienst" teilzunehmen. Der Weg zur Pfarrkirche betrug aber eine Stunde, so dass wir dennoch verspätet zu den Gruppenstunden kamen. Dafür mussten wir dann immer „nachexerzieren" oder andere harte Strafen in Kauf nehmen.

Die Situation im Dorf

Unter den Dorfbewohnern bestand ein Spannungsverhältnis zwischen den nationalsozialistischen Parteimitgliedern und den Gegnern. In der „Schusterstube" meines Vaters trafen sich regelmäßig seine Freunde, die – wie er selbst – alle das Naziregime ablehnten. Dementsprechend fanden die Gespräche statt, die ich zum Teil mithören konnte. Über diese Gespräche war meine Mutter oft besorgt, besonders dann, wenn sie im Beisein von uns Kindern sehr offen geführt wurden. Sie hatte Sorge, dass die Gespräche nach außen dringen könnten und mein Vater deswegen ins KZ kommen könnte, was ihm von „Parteibossen" wiederholt angedroht worden ist.
Gefährlicher als diese Gespräche waren die Besuche und der Aufenthalt polnischer und ukrainischer Zwangsarbeiter, die sich unter dem Vorwand, Schuhreparaturen durchführen zu lassen, in unserer „Schusterstube" trafen. Oft waren es nach geheimer Absprache untereinander bis zu zehn junge Männer und Frauen. Das war ihnen aber untersagt. Während einige Bauern, bei denen sie tätig waren, davon wussten und es stillschweigend duldeten, war es anderen ein Dorn im Auge. Wiederholt habe ich mit anhören müssen, wie sie meinem Vater drohten: „Heinrich, du gehst nach Lemberg!" Lemberg war ein Konzentrationslager in Polen.

Mein Elternhaus in Ratsiek, Kreis Detmold

Oftmals musste ich auch miterleben, wie mein Vater unerschrocken seine Haltung gegen das Dritte Reich und gegen das Nazi-Regime zum Ausdruck brachte und meine Mutter darunter litt. Denn sie hatte immer die Angst, dass sie eines Tages mit uns Kindern allein fertigwerden musste. Das alles hat mich schon als Kind und junger Mensch dazu gebracht, dem Nationalsozialismus und dem Dritten Reich sehr skeptisch und ablehnend gegenüberzustehen.

Die Zeit des Zweiten Weltkrieges

Zu Beginn des Zweiten Weltkrieges am 1. September 1939 war ich gerade neun Jahre alt. Durch die nationalsozialistische Propaganda wurde der Krieg begründet und für notwendig erklärt, was für mich als Kind schwer verständlich war. Nach den Siegen über Polen und Frankreich war dann nur noch die Rede vom „Ewigen Großdeutschen Reich". Uns Kindern und Jugendlichen wurde eine verheißungsvolle Zukunft versprochen und durch Filme, Wochenschauen usw. vor Augen geführt. Wer sollte davon nicht begeistert sein?

Aufgrund der negativen Entwicklung des Zweiten Weltkrieges für Deutschland, der ständig steigenden Zahl gefallener Soldaten aus der Gemeinde, der ständigen Bombardierung der Städte usw. schlug die Stimmung bei mir und vielen jungen Menschen meiner Umgebung immer mehr in Skepsis um. Nur die Menschen, die fest im Nationalsozialismus verwurzelt waren, glaubten noch an den „Endsieg", der uns ständig in allen Medien vorgegaukelt wurde.

Gott sei Dank erlebte ich in meinem Elternhaus von Beginn des Krieges an eine realistische Einstellung zum Zweiten Weltkrieg. Denn mein Vater war von Anfang an davon überzeugt, dass Deutschland den Krieg nie gewinnen könne und das Dritte Reich mit dem Ende des Krieges untergehen würde.

Diesen Untergang möchte ich als persönlich Betroffener auf Grund eines unverantwortlichen und unvergessenen Ereignisses schildern.

An einem Sonntag Ende März 1945 fand die Schulentlassungsfeier meines Jahrganges statt. Mit dieser Feier war die Aufnahme als Jungvolkmitglied in die „Hitlerjugend" verbunden. Dabei mussten wir dem „Führer" die „Treue bis in den Tod" schwören. Zu dieser Zeit hatten die amerikanischen Truppen bereits das Ruhrgebiet erobert und standen vor Paderborn.

Meine lieben Angehörigen (v. l.): mein Bruder Josef mit Frau Mechthild, meine Cousine Lona Niemann und mein Bruder Johannes mit Frau Irmgard

In der Nacht des folgenden Sonntags wurden alle Jugendlichen ab 14 Jahren – auch ich – geweckt und aufgefordert, sich im Nachbardorf Elbrinxen vor der Sparkasse zu treffen. Dort erfuhren wir, dass wir jenseits der Weser hinter Hameln in „Sicherheit" gebracht werden sollten, weil die Amerikaner alle „Hitlerjungen" umbringen würden. Also fuhren wir mit zuvor beschlagnahmten Fahrrädern bei strömendem Regen nach Hameln.

Dort wurde uns dann gesagt, dass wir zusammen mit sechs „Volkssturmmännern" (nicht kriegsdiensttaugliche ältere Männer) die Weserbrücke verteidigen sollten. Dafür lautete die Parole: „Kein Amerikaner überschreitet die Weser!" Als wir völlig durchnässt die Nacht in einer Scheune verbracht hatten, mussten wir am anderen Morgen feststellen, dass unsere „Hitlerjugendführer" und andere „Parteigrößen" verschwunden waren. Die „Volkssturmmänner" waren so vernünftig, uns so schnell wie möglich nach Hause zu schicken. Unmittelbar vor dem Eintreffen der Amerikaner in unserem Dorf Sabbenhausen waren wir Gott sei Dank unversehrt wieder daheim.

Ich empfehle jedem, sich den Film „Die Brücke" anzusehen, der nach Ende des Krieges gedreht wurde. Dieser Film spiegelt die Situation wieder, in der ich mich damals befunden habe. Darum habe ich diesen Film bei Jugendveranstaltungen, Konferenzen, Tagungen usw. immer wieder vorgeführt, um auf die unglückselige Zeit des Dritten Reiches hinzuweisen.

Fazit

Die Möglichkeiten, den Glauben zu leben und zu bekennen, waren während des III. Reiches unter der nationalsozialistischen Herrschaft sehr eingeschränkt; ebenso begrenzt durch das öffentliche Umfeld und durch den Druck des Regimes. Die praktizierende Familie war daher der sicherste Halt, dem Glauben und der Kirche die Treue zu halten. Das habe ich in meiner eigenen Familie und in den meisten Familien meines Heimatdorfes Sabbenhausen erfahren. Ein weiterer Halt war das Leben in der Pfarrgemeinde durch überzeugte katholische Lehrer und vor allem durch mutige Seelsorger, die sich nicht einschüchtern ließen. Dadurch haben sie den Gläubigen Halt und Stärke geboten. Gern erinnere ich mich daher dankbar der Lehrer und Seelsorger während meiner Kindheit und Jugendzeit, die mich für mein ganzes Leben bis hin zum Priestertum geprägt haben.

Berufliche Aus- und Weiterbildung

Tischlerlehre und Gesellenzeit

Wenn heute viele Jugendliche keinen Ausbildungsplatz – oder nicht den erwünschten – erhalten, dann erinnert mich das immer wieder an meine eigene Situation im Frühjahr 1945, als ich aus der Volksschule entlassen wurde und ebenfalls nach einer Lehrstelle suchte. Nur waren die Verhältnisse damals anders als heute. Der Krieg war zu Ende. Das Dritte Reich zusammengebrochen. Die Wirtschaft lag am Boden. Viele Mittel- und Kleinbetriebe waren geschlossen, weil ihre Inhaber im Krieg gefallen waren oder sich noch in Kriegsgefangenschaft befanden. Nur unter großen Schwierigkeiten und aufgrund meines guten Abschlusszeugnisses erhielt ich zum 1. Juni 1945 eine Lehrstelle als Bau- und Möbeltischler. Dafür nahm ich gern in Kauf, die zehn Kilometer von meinem Elternhaus in einem kleinen Dorf bis zum Lehrbetrieb in der nächsten Stadt morgens und abends zunächst zu Fuß zurückzulegen. Denn öffentliche Verkehrsmittel fuhren zu dieser Zeit nicht, und ein Fahrrad war nicht zu haben.

Tischlerlehre in der Firma Karl Hoppe, Lüdge, vom 1. 6. 1945 bis 17. 5. 1948

War meine praktische Ausbildung damit gesichert, so fehlte doch die theoretische Fachausbildung. Denn infolge des Zusammenbruchs der Wirtschaft und durch Zerstörung der Schulen war 1945 ein Berufsschulunterricht in meinem Lehrbereich nicht möglich. So konnte ich erst im Frühjahr 1946 – praktisch mit Beginn des zweiten Lehrjahres – regelmäßig die Berufsschule besuchen. Um mein „Werkstattwochenbuch" ordnungsgemäß zu führen, worauf mein Lehrmeister großen Wert legte, musste ich mir im ersten Jahr meiner Ausbildung durch Selbsthilfe anhand von Fachbüchern – soweit vorhanden – das nötige theoretische

Fachwissen aneignen. Das habe ich mit großem Fleiß und Ernst getan, um eine gute Gesellenprüfung abzulegen, was mir dank des guten Lehrbetriebes gelungen ist.
Nach der Gesellenprüfung im Mai 1948 gingen meine Vorstellungen dahin, sobald wie möglich die Meisterprüfung abzulegen, um einen eigenen Betrieb gründen zu können oder die Tischlerfachschule zu besuchen, um die Leitung eines größeren Betriebes zu übernehmen. Beide Möglichkeiten zeichneten sich durch den schnellen Aufschwung der Wirtschaft nach der Währungsreform ab. Es war jedenfalls mein Ziel, auf irgendeine Weise selbstständig zu sein. Aber mein Lebensweg sollte anders verlaufen.

Gründung der Kolpingsfamilie Sabbenhausen

Eingangstür im Jugendheim Sabbenhausen: preisgekrönt bei der Handwerkerausstellung

Während meiner Lehr- und Gesellenzeit in Lügde habe ich schon an den Veranstaltungen der dortigen Kolpingsfamilie teilgenommen. Denn mein Chef und einige Mitarbeiter waren aktive Kolpingmitglieder. Dadurch wurde ich angeregt, in meinem Heimatort Sabbenhausen eine eigene Kolpingsfamilie zu gründen. Mit einigen Freunden haben wir das im Jahr 1949 verwirklicht. Zunächst trafen wir uns wöchentlich in einem Vereinslokal zu Gesang, Vorträgen und geselligen Veranstaltungen. Da diese Veranstaltungen durch den Wirtschaftsbetrieb oft gestört wurden, haben wir den Beschluss gefasst, ein eigenes „Jugendheim" als Anbau an unsere Kirche zu errichten. Das geschah in völliger Eigenleistung. Denn Zuschüsse waren damals von keiner Seite zu bekommen. Mein Hauptbeitrag zum Bau war die Anfertigung der Eingangstür und die Mitarbeit bei der Herstellung der Fenster und anderer Holzarbeiten.
Je mehr ich mich neben meinem Beruf durch die Mitarbeit im Kolpingwerk mit den sozialen und gesellschaftspolitischen Problemen befasste,

Marianum Neuss/Rhein, Abendgymnasium zur Vorbereitung auf das Abitur; 2. 11. 1952 bis 17. 7. 1956

die sich aus dem Zusammenbruch des Dritten Reiches, aus dem mörderischen Krieg, aus dem Flüchtlingselend, der Teilung Deutschlands und der weltpolitischen Lage ergaben, umso mehr reifte in mir der Entschluss, einen ähnlichen Weg zu gehen, wie Adolf Kolping ihn vom Schuhmachergesellen zum Priester gegangen ist. Nach fünfjähriger Gesellenzeit holte ich in vier Jahren am Abendgymnasium in Neuss das Abitur nach, um Theologie studieren zu können.

Studium der Philosophie und Theologie in Paderborn und Lyon/Frankreich

Im Herbst 1956 habe ich an der „Theologischen Fakultät Paderborn" (Academia Theodoriana) das Studium der Philosophie und Theologie begonnen. Nach dem dritten Semester konnte ich das Philosophische Staatsexamen ablegen. Damit war der Weg frei, für zwei Semester an einer anderen Universität zu studieren. Dafür hatte ich mit einem Studienfreund schon lange die Universität Freiburg im Breisgau eingeplant. Doch der Direktor des Leokonviktes, in dem ich wohnte, Dr. Dietrich, bat mich dringend, die „Freisemester“ unbedingt an der Universität in Lyon/Frankreich zu absolvieren. Denn zwischen den Universitäten von Paderborn und Lyon bestand eine Partnerschaft. Zudem sollte ich das Studium in Lyon dazu nutzen, die „Arbeiterseelsorge“ durch „Arbeiterpriester“ näher kennenzulernen. Denn diese Frage stand damals an der Universität Lyon durch den „Arbeiterbischof“ Msgr. Ancel, der in einem Autowerk an der Werkbank arbeitete, hoch im Kurs. Mit ihm habe ich ständige Kontakte gepflegt und Gespräche vor Ort geführt. Darüber hinaus fand ich in meinem Konsemester Gustavo Guttierez aus Lima, dem späteren Begründer der „Theologie der Befreiung“, einen lieben Freund, mit dem ich über die Themen diskutieren konnte, die die Entwicklungsländer betrafen. Auf diese Weise wurde das Studium in Lyon eine große Hilfe für meine späteren Aufgaben als Generalpräses des Internationalen Kolpingwerkes in Bezug auf die Hilfe in der Dritten Welt.

Herbstsemester 1956: Aufnahme im „Leonium“, Paderborn, zum Studium der Philosophie und Theologie an der „Theologischen Hoch-schule Paderborn“

Dem Tischlerberuf habe ich während meines gesamten Studiums die Treue gehalten. Denn dadurch habe ich mir auf dem Weg bis zum Abitur durch Halbtagsbeschäftigung und während des gesamten Theologiestudiums in den Semesterferien durch Vollbeschäftigung das Geld für das Studium verdient. Denn damals gab es keinerlei Studienbeihilfen. Heute bin ich noch stolz darauf, dass ich mir mein Studium fast ganz mit meiner Hände Arbeit verdient habe und keinem zur Last gefallen bin. Mit der Priesterweihe am 21. Dezember 1961 hatte ich damit mein zweites Berufsziel erreicht.

Priesterseminar Paderborn, Aufnahme nach „Theologischem Staatsexamen" in Lyon/Frankreich und Paderborn

(v. l.) Eintritt in das Priesterseminar in Paderborn, Herbstsemster 1960; Priesterweihe am 21. 12. 1961 durch Erzbischof Dr. Lorenz Jaeger, Foto mit Seminarleitung

Der Mauerbau in Berlin

Der Bau der Mauer in Berlin am 13. August 1961, den ich als Diakon persönlich erlebt habe, hat mich immer wieder beschäftigt. In der Woche vor dem Sonntag des 13. August waren wir mit etwa 50 Diakonen aus den westdeutschen und ostdeutschen Diözesen in der Bildungsstätte Kladow des Erzbistums Berlin zu einem Seminar versammelt, um Kontakte zu knüpfen und uns gegenseitig auszutauschen. Als Abschluss des Seminars wollten wir zu je zwei Diakonen in den einzelnen Pfarreien von Ostberlin den Gottesdienst mitgestalten und anschließend ein Begegnungsfest feiern. Für den Abschluss des Tages war eine Vesper in St. Hedwig mit Kardinal Bengsch vorgesehen. Als wir am Sonntagmorgen früh den Übergang „Glienicker Brücke" von West- nach Ostberlin passieren wollten, mussten wir mit ansehen, wie die Mauer errichtet und die Grenzstation befestigt wurde.
Wir konnten zwar die Grenze nach Ostberlin passieren, aber mit solcher Verzögerung, dass an Gottesdienst, Begegnungsfest und Vesper nicht mehr zu denken war. Der Übergang war damals mit vielen Schikanen verbunden. Dieses Erlebnis an der Mauer hat mich nie wieder losgelassen. Zukünftig habe ich daher keine Möglichkeit außer Acht gelassen, die Kontakte zu Freunden und Bekannten jenseits der Mauer zu pflegen und zu fördern, um auf diese Weise zu dokumentieren, dass weder ein politisches System noch Mauer und Stacheldraht das Zusammengehörigkeitsgefühl unterbinden können. Ich war davon überzeugt, wenn hüben wie drüben dieses Bewusstsein der Zusammengehörigkeit wachgehalten wird, wird die Wiedervereinigung unseres Vaterlandes einmal kommen. Darum sah ich es als unser aller Aufgabe an, nicht nur Kontakte zu Verwandten, Freunden und Bekannten im anderen Teil Deutschlands zu pflegen, sondern auch bei uns im Westen das Interesse an der Wiedervereinigung beider Teile Deutschlands wachzuhalten.

Vikar und Religionslehrer in Bigge/Sauerland

Meine erste und einzige Vikarsstelle erhielt ich nach der Priesterweihe in der St.-Martinus-Gemeinde in Bigge im Dekanat Brilon/Süd. Zugleich wurde ich von Kardinal Jaeger beauftragt, Religionsunterricht an der Kreisberufsschule Brilon mit Sitz in Olsberg zu erteilen. In Ortspfarrer Eduard Gierse und Dechant Heinrich Ernst in Olsberg hatte ich als Vorgesetzte zwei großartige Seelsorger, die mich als Neupriester sehr geprägt haben. Mit ihnen habe ich zu Beginn meiner Arbeit über meine zukünftigen seelsorglichen Aufgaben als Vikar in der Pfarrgemeinde Bigge und im Dekanat Brilon/Süd sowie über den Religionsunterricht an der Berufsschule gesprochen. Denn mit den seelsorglichen Aufgaben in diesen Bereichen wurden mir auch die Ämter des Dekanatsjugendseelsorgers und des Bezirkspräses für den Kolpingverband Brilon/Süd übertragen. Für meine zukünftige seelsorgliche Tätigkeit in diesen Bereichen habe ich mir folgende Schwerpunkte vorgenommen:

- Religiös-kirchliche Bildungsarbeit
- Jugend- und Verbandsarbeit
- Ehe- und Familienarbeit

St.-Martinus-Kirche in Bigge

Religionsunterricht in der Volksschule und in der Berufsschule

In der Volksschule fand ich unter der Leitung des Rektors Müller ein sehr kollegiales Team vor, das mich in meiner Arbeit in der Schule und außerhalb der Schule in jeder Weise unterstützt hat. Darum fiel mir der Religionsunterricht in den Klassen vier bis acht auch nicht schwer. Die Schülerinnen und Schüler waren sehr diszipliniert und arbeiteten bis auf einige wenige Ausnahmen aufgeschlossen mit. Daher konnte ich viele Jungen und Mädchen auch bald dafür gewinnen, in den Schülergruppen der Pfarrei aktiv mitzuarbeiten. Das führte schließlich auch dazu, dass ich klassenweise Einkehrtage und andere religiös-kirchliche Veranstaltungen in Jugendherbergen, in der Bildungsstätte Elkeringhausen oder im Benediktinerkloster Meschede durchführen konnte. Dankbar denke ich auch an die vielen „Schulendtage“ der Abschlussklassen für alle Pfarrgemeinden im Dekanat zurück. Meinen Religionsunterricht in der Schule habe ich soweit wie möglich mit praktischen und sozialen Aufgaben verbunden, was bei den Kindern stets gut ankam. Dafür will ich hier nun ein Beispiel in Bezug auf die Missionsarbeit anführen:

Eine Ordensschwester aus der Gemeinde leitete eine Schule in Namibia/ Afrika. Während ihres Heimaturlaubs berichtete sie vor den Schülern über ihre Arbeit als Schulleiterin und über die Situation der Kinder, die überwiegend aus ganz armen Verhältnissen kamen. Das bewog mich, mit den Messdienern der Pfarrei und allen Schülerinnen und Schülern eine „Sammelaktion“ mit Altkleidung, Papier, Weinflaschen und anderem mehr durchzuführen und den Erlös der Schwester für ihre Schule zu überlassen. Im Lehrerkollegium wurde die Aktion begrüßt und dadurch unterstützt, dass die Schüler am Sammeltag – einem Mittwochnachmittag – keine Hausaufgaben zu machen hatten.

Die erste Aktion erbrachte den Erlös von etwa 1000 DM. Darüber freuten sich die Schwester, das Lehrerkollegium und besonders die Schüler, die die gut vorbereitete Aktion mit großem Einsatz durchgeführt haben. Nach dieser gelungenen Aktion wurde sofort der Beschluss gefasst, zukünftig zweimal im Jahr – im Frühjahr und Herbst – diese Aktion durchzuführen. Sie wurde beispielgebend und richtungsweisend für die spätere Aktion „Altkleider- und Papiersammlung“ des Kolpingwerkes, die ich als Diözesanpräses von Paderborn auf Diözesanebene zugunsten der Entwicklungshilfe ins Leben gerufen habe. Darüber wird später noch ausführlich berichtet werden. Jedenfalls haben die Schüler von Bigge dafür ein großartiges Zeichen gesetzt.

So erfreulich wie in der Volksschule Bigge verlief der Religionsunterricht in der Berufsschule anfangs nicht. Zu Beginn meines Unterrichts dort sagte mir ein Lehrer des Kollegiums: „Herr Vikar, hier werden Sie in vielen Klassen wenig Freude und Erfolg mit Ihrem Religionsunterricht haben! Sie müssen nur sehen, dass Sie die 45 Minuten gut über die Runden bringen!“ Meine Antwort darauf war: „Davor habe ich keine Angst. Ich werde schon mit den Auszubildenden fertigwerden. Denn ich bin als Tischler ebenfalls ihren Weg gegangen.“ In der Tat waren einige Klassen – ich übernahm in den meisten Fällen die Abschlussklassen – sehr schwierig. Einige Schüler protestierten lauthals gegen Gott und die Kirche und damit auch gegen den Religionsunterricht; andere verhielten sich sehr undiszipliniert und störten dadurch den Unterricht; wieder andere nahmen völlig teilnahmslos am Unterricht teil; und wieder andere, die am Religionsunterricht interessiert waren, schwiegen, weil sie nicht den Mut hatten, gegen die „Randalierer" vorzugehen. Aber ich habe mich durch nichts beirren und aus der Fassung bringen lassen. Meine sehr gut vorbereiteten Unterrichtsstunden habe ich gegen alle Widerstände durchgeführt. Die Haupträdelsführer musste ich in einigen Fällen mit Hilfe der Schulleitung oder der Lehrbetriebe zur Ordnung rufen. Ansonsten habe ich aber durch meinen Unterricht und durch meine offene Gesprächsbereitschaft mit allen Schülern – auch mit den schwierigen – an Ansehen und Autorität im Lehrerkollegium wie auch in den einzelnen Klassen gewonnen, so dass es nur selten noch zu Schwierigkeiten in Bezug auf den Religionsunterricht kam. Gegen Ende meiner Zeit als Vikar in Bigge, bat mich der Direktor der Berufsschule, hauptamtlich an die Berufsschule zu wechseln und die Stelle des aus Altersgründen scheidenden „Mentors" für die geistlichen und weltlichen Religionslehrer an der Schule zu übernehmen. Darüber wird später berichtet.

Jugend- und Verbandsarbeit

Gleich zu Beginn meiner Arbeit in der Pfarrei Bigge kamen einige Jugendliche zu mir und fragten, ob ich bereit wäre, die einst gut florierende Jugendarbeit, die zurzeit wenig erfreulich sei, zu aktivieren. Damit rannten sie bei mir offene Türen ein. Sofort haben wir überlegt, was zu tun sei. Zunächst dachte ich daran, eine „Jung-Kolping-Gruppe" zu gründen, weil ich erfahren hatte, dass in Bigge eine aktive Kolpingsfamilie existierte. Nach Rücksprache mit dem Junglehrer Christoph Hilker, der in der KJG („Katholische Junge Gemeinde") auf Diözesanebene mitarbeitete, haben wir dann aber beschlossen, die KJG auch in Bigge zu gründen und darin die Schüler- und Jugendgruppen zu vereinen. So haben wir dann zunächst einen Kreis von Gruppenleitern und -leiterinnen aufgebaut und ausgebildet. Dabei konnten wir auf alte bewährte Kräfte zurückgreifen. Der Aufbau und die Einrichtung von Gruppen fanden zügig statt. Schon bald gehörten wir zu den stärksten KJG-Gruppen im Diözesanverband Paderborn.
Neben der religiös-kirchlichen Bildungsarbeit und der Freizeitgestaltung in den einzelnen Gruppen haben wir einen besonderen Schwerpunkt in der „Jugendbegegnung im Rahmen des Deutsch-Französischen Jugend-

werkes“ gesehen, das ich während meines Studiums in Lyon mit aufgebaut habe. Denn von dort ging die Initiative für das Deutsch-Französische Jugendwerk aus. Zwischen beiden Ländern fanden regelmäßige Jugendbegegnungen im Raum von Lyon und Paris und im Dekanat Bigge statt. Diese Begegnungen haben die Jugendarbeit beflügelt. Sie waren für mich beispielgebend und richtungsweisend für meine spätere Arbeit als Diözesanpräses des Kolpingwerkes der Erzdiözese Paderborn. Denn auf Diözesanebene habe ich diese Begegnungen im größeren Umfang weitergeführt.
Höhepunkt der kirchlichen und verbandlichen Jugendarbeit in der Gemeinde Bigge und im gesamten Dekanat war im Jahr 1964 die Aufführung eines religiösen Schauspiels nach Art eines heutigen Musicals: „Gott war auch in Ninive“. Dieses Stück wurde auf dem vorausgegangenen „Evangelischen Kirchentag“ im Niedersachsen-Stadion von Hannover uraufgeführt. Von den beiden Autoren habe ich die Erlaubnis erhalten, dieses Schauspiel für die Halle umzugestalten und dort aufzuführen. Unsere Uraufführung erfolgte in der Schützenhalle von Bigge, die sich als Rundbau besonders dafür eignete. Regie führten Lehrer Christoph Hilker und ich selbst. Weitere Aufführungen fanden statt in der Stadthalle von Meschede, im Kolpinghaus Paderborn und zum Diözesanen Jugendtag in der Dortmunder Westfalenhalle. Etwa 125 Akteure aus den Schüler- und Jugendgruppen, der Kolpingsfamilie und dem Sportverein der Gemeinde Bigge haben dabei mitgewirkt. Für alle ist es ein unvergessenes Erlebnis geblieben, was mir immer wieder berichtet wurde.
Nach dem Bericht über die Jugendarbeit muss ich auch noch ein Wort zu den Kolpingsfamilien in der Pfarrgemeinde Bigge und im Bezirksverband Brilon/Süd sagen: vorweg, dass ich in der eigenen Kolpingsfamilie wie in allen anderen des Bezirkes ein vorbildliches Bildungsprogramm mit vielen religiösen, sozialen und gesellschaftspolitischen Themen und Aktionen vorfand. Das war nicht zuletzt auf den sehr aktiven Bezirksvorstand unter der Leitung von Kolpingbruder Werner Trepper zurückzuführen. Eine Hauptaufgabe sah der Bezirksvorstand darin, die Verbindung zu den Kolpingsfamilien im Kommissariat Magdeburg, das damals noch zur Erzdiözese Paderborn gehörte, zu pflegen und zu fördern. Das geschah durch gegenseitige Besuche, solange das noch möglich war. Diese gegenseitigen Besuche endeten oder wurden sehr eingeschränkt durch den Mauerbau in Berlin und durch die Befestigung der Zonengrenze. Die Bürger der DDR hatten nun keine Möglichkeit mehr, in den Westen zu reisen. Also

mussten wir umso mehr die Kolpingsfamilien im Kommissariat Magdeburg besuchen.
Als Bezirkspräses des Bezirkes Brilon/Süd habe ich darin eine meiner wichtigsten Aufgaben gesehen. Einen unermüdlichen und erfahrenen Berater, Helfer und Organisator dazu fand ich in dem damaligen „Altsenior" im Kolpingwerk Diözesanverband Paderborn: Herrn Wilhelm Hendker aus Dortmund. Er hat sofort nach Kriegsende persönliche Kontakte zu den verantwortlichen Vorstandsmitgliedern der etwa 175 Kolpingsfamilien in den ostdeutschen Diözesen geschaffen und gefördert. Ihm habe ich viel zu verdanken, weil er mir durch viele gemeinsame Reisen in die DDR zunächst die Verbindung zu den Kolpingsfamilien im Kommissariat Magdeburg und im Laufe der Zeit auch in den einzelnen Diözesen vermittelt hat. Das war die beste Voraussetzung für meine spätere Aufgabe als Diözesanpräses des Kolpingwerkes Paderborn und als Generalpräses des Internationalen Kolpingwerkes in Köln in Bezug auf meine Tätigkeit in der DDR. Über diese Arbeit werde ich an anderer Stelle noch ausführlich berichten. Den Kolpingsfamilien im Bezirk Brilon/Süd danke ich sehr herzlich für die großartige und vorbildliche Zusammenarbeit mit den Kolpingsfamilien im Kommissariat Magdeburg.

Ehe- und Familienarbeit

Wie schon oben angesprochen, habe ich neben der religiös-kirchlichen Bildungsarbeit und der Jugend- und Verbandsarbeit eine besondere Aufgabe in der Ehe- und Familienpastoral gesehen. Besondere Schwerpunkte dabei waren die „Ehe- und Familienvorbereitungsseminare" sowie die Gründung und Begleitung „Kreise junger Familien".
In der Konferenz des Dekanatsklerus habe ich angeregt, auf Dekanatsebene jedes Jahr ein Seminar zur Vorbereitung auf die Ehe und Familie durchzuführen. Das fand die Zustimmung aller. Dieses Seminar sollte nicht das „Traugespräch vor der Eheschließung" und auch nicht das „Brautexamen" ersetzen, sondern dafür behilflich sein. Eingeladen zum Seminar wurden alle jungen Paare, alle Verliebten oder Verlobten, die vor der Heirat standen. Durchgeführt wurde das Seminar an den Sonntagen der Fastenzeit, um allen, die an den Werktagen durch Schichtarbeit, Außendienste und anderem mehr gehindert waren, die Möglichkeit zur Teilnahme zu geben. Eröffnet wurde das Seminar durch mein Referat: „Ehe und Familie aus

christlicher Sicht". Ein Referent für Ehe- und Familienfragen sprach zum Thema: „Ehe und Familie im Alltag". Ein Jurist erläuterte die juristische Seite von Ehe und Familie; ein Arzt oder eine Ärztin die medizinischen Fragen; ein Familienpolitiker die gesellschaftlichen und politischen Themen. Abgeschlossen wurde das Seminar am letzten Fastensonntag mit der Aussprache über die behandelten Themen und allgemeine Fragen. Zum Schluss erhielten alle Teilnehmerinnen und Teilnehmer die „Teilnahme-Bescheinigung" am Seminar.

Meine erste Trauung

Die jedes Jahr durchgeführten Seminare fanden in allen Gemeinden des Dekanats einen immer größeren Zuspruch. Dadurch wurden sie zur ständigen Einrichtung auch für andere Dekanate, in denen ich zum Teil mitgewirkt habe. Ein besonderer Erfolg der Seminare lag für mich darin, dass nach jedem Seminar in einigen Gemeinden ein „Kreis junger Familien" gegründet wurde. In der Pfarrgemeinde Bigge entstanden zwei solcher Kreise, die ich begleiten durfte. Sie beschäftigten sich vornehmlich mit ganz praktischen Problemen und Fragen im Ehe- und Familienleben. Dazu gehörten besonders auch die Fragen zur Erziehung der Kinder. Die Begleitung dieser Kreise war für mich eine Bereicherung in Bezug auf die Ehe- und Familienpastoral in der Gemeinde.

Der Wechsel von Bigge nach Paderborn

Für den Herbst 1965 musste ich mich auf einen Wechsel einstellen. Durch die Ernennung von Diözesanpräses Johannes Claes zum Propst der Pfarrei St. Patrokli in Soest im Mai dieses Jahres war das Amt des Diözesanpräses des Kolpingwerkes in Paderborn vakant. Neben einigen anderen Kandidaten wurde ich vom Diözesanvorstand Erzbischof Lorenz Jaeger zum Nachfolger vorgeschlagen. Gleichzeitig hatten der Direktor der Kreisberufsschule Brilon und Dechant Heinrich Ernst aus Olsberg den Erzbischof ersucht, mich zum hauptamtlichen Religionslehrer zu ernennen. Beide beabsichtigten, mir damit auch das Amt des „Mentors" für die geistlichen und weltlichen Religionslehrer an der Berufsschule zu übertragen. Meinen Wohnsitz sollte ich in der kleinen Nachbargemeinde Wulmeringhausen haben und dort die Seelsorge und Verwaltung der Pfarrei übernehmen, weil die Pfarrei keinen Pfarrer mehr hatte. Grundsätzlich hatte ich an beiden Aufgaben Interesse. Aber zu keiner Aufgabe habe ich mich gedrängt, weil ich die Entscheidung einzig und allein dem Erzbischof überlassen wollte.

Während meines Urlaubs in der Heimatpfarrei erhielt ich dann im Juli die Nachricht, dass der Erzbischof mich zum 1. Oktober 1965 zum „Diözesanpräses des Kolpingwerkes Diözesanverband Paderborn" ernannt hat mit der Bitte, baldmöglichst zu einem persönlichen Gespräch zu ihm zu kommen. Dabei sagte er mir wörtlich: „Ich habe Sie zum Diözesanpräses des Kolpingwerkes ernannt, obwohl das nach den Richtlinien der Paderborner Diözesansynode nicht erlaubt ist. Denn danach kann jemand erst ein Amt auf Diözesanebene übernehmen, wenn er das Pfarrexamen erfolgreich abgelegt hat [Anmerkung: nach dem sechsten Weihejahr]. Aber ich setze großes Vertrauen in Sie. Das heißt aber nicht, dass Sie vom Pfarrexamen befreit sind. Darum ernenne ich Sie zunächst kommissarisch. Die ordentliche Ernennung werde ich nach Ihrem Pfarrexamen nachholen" (Anmerkung: Das ist so geschehen). Mit diesem großen Vertrauensvorschuss des Erzbischofs habe ich mein Amt als Diözesanpräses am 1. Oktober 1965 angetreten. Am Sonntag, 12. Oktober 1965 hat mich Erzbischof Lorenz Jaeger persönlich im Kolpinghaus Paderborn eingeführt und meinen Vorgänger Propst Johannes Claes feierlich verabschiedet.

Zuvor fand eine feierliche Verabschiedung für mich als Vikar von Bigge mit all den Ämtern und Aufgaben, die ich innehatte, in der Schützenhalle statt. Gestaltet wurde diese Feier von den Jugendgruppen und von der Kolpingsfamilie unter Mitwirkung aller Vereine, in denen ich tätig war. Der Abschied ist mir nicht leichtgefallen. Denn ich hatte die Menschen liebgewonnen und fühlte mich daher in der Pfarrei Bigge wie im gesamten Dekanat wie zu Hause. Mit einem Wort Adolph Kolpings: „Dankbarkeit ist das erste und letzte Gefühl im Menschen" habe ich mich bei allen bedankt und verabschiedet.

Diözesanpräses des Kolpingwerkes Diözesanverband Paderborn

Kolping-Bildungsstätte Weberhaus Nieheim

Am 1. Oktober 1965 habe ich meinen Dienst in Paderborn angetreten. Das Büro hatte ich im Seelsorgeamt des Erzbischöflichen Generalvikariates. Hauptamtliche Mitarbeiter waren hier zunächst nur Diözesansekretär Lothar Pohl und Frau Rubarth, die für uns beide die Schreibarbeiten erledigte. Die Hauptaufgaben für mich und Lothar Pohl bestanden vorrangig im Besuch der Kolpingsfamilien, was meistens nur am Abend geschehen konnte, und vor allem in der Vorbereitung, Durchführung und Begleitung der Tagungen, Konferenzen, Lehrgänge, Werkwochen, Einkehrtage etc. in der „Kolping-Bildungsstätte Weberhaus Nieheim". Diese wurde am 1. Juli 1962 eröffnet. Sie trägt den Namen des Arztes und großen Heimatdichters und Schriftstellers Friedrich Wilhelm Weber, der in diesem Haus gelebt hat. Bei der Einweihung sagte Erzbischof Lorenz Jaeger: „Ich erwarte von dieser Diözesanbildungseinrichtung, dass sie eine Stätte der Begegnung und eine Dienerin der Freude sei." Um dies zu gewährleisten, habe ich sofort zu Beginn meiner Amtszeit als Diözesanpräses in Begleitung von Sekretär Lothar Pohl eine „Vorstellungsreise" zu allen 28 Bezirksverbänden des Kolpingwerkes in der Diözese Paderborn unternommen, um mich einerseits bekannt zu machen und andererseits für eine aktive Mitarbeit im Diözesanverband und ganz besonders in der Kolping-Bildungsstätte zu werben. Die Besuchstage verliefen immer nach dem gleichen Schema: nachmittags Treffen und Gespräche mit dem Bezirksvorstand, am Abend gemeinsames Treffen mit Bezirksvorstand und den Vorständen der Kolpingsfamilien des Bezirkes. Damit konnte ich mir einen guten Überblick über den ge-

Einführung als Diözesanpräses am 12. Oktober 1965 durch Lorenz Kardinal Jaeger

„Josef-Schutzfest“ der Kolpingfamilie Paderborn mit dem Präses

samten Diözesanverband verschaffen. Zugleich konnte ich auch die Vorstellung meiner zukünftigen Arbeit darlegen.
Mein Hauptanliegen war aber, Bezirksvorstand und Vorstände der Kolpingsfamilien zu motivieren, Schulungskurse im Weberhaus Nieheim durchzuführen. Dafür haben wir dann festgelegt, dass jeder Bezirk eine Woche im Jahr nach folgender Regelung belegt: von Freitagabend bis Sonntagmittag Schulungskurs für den Bezirksvorstand und für die Vorstände der Kolpingsfamilien im Bezirk – wobei auch andere Mitglieder teilnehmen konnten. Das inhaltliche Programm sollte jeder Bezirk selbst bestimmen und dem Diözesanbüro frühzeitig vorlegen, weil Lothar Pohl und ich selbst aktiv daran mitarbeiten wollten. Die Wochentage von Montagabend bis Freitagmorgen sollten dann „Tage der Begegnung“ für Rentner und ältere Menschen sein. Das Programm dafür sah am Morgen den Gottesdienst und ein besonderes Thema vor; und für den Nachmittag eine Freizeitgestaltung, für die der Heimleiter Hans Schmitz die Verantwortung trug. Selbstverständlich standen Lothar Pohl und ich für das Morgenprogramm zur Verfügung.
Diese Regelung wurde von allen Bezirksvorständen und Vorständen der Kolpingsfamilien dankbar angenommen und konsequent durchgeführt. Damit entstand ein besonderes „Wir-Gefühl“ für das Verbandsleben, und zugleich war damit auch die Belegung der Bildungsstätte weithin gesichert. Dazu trugen aber auch weitere Kursangebote des Diözesanvorstandes zur Umsetzung und Verwirklichung des Kolpingprogramms bei.

Darüber hinaus wurde das Weberhaus aber auch gern von Gastgruppen zu Kursen angenommen. Dazu gehörten unter anderem die umliegenden Militärkasernen von Höxter, Holzminden, Northeim, Augustdorf etc., die hier ihre „Bundeswehr-Werkwochen“ durchführten. Den damit verbundenen „Einkehrtag“ hatte ich in den meisten Fällen zu halten, was ich immer gern getan habe. Abschließend darf ich sagen, dass die „Kolping-Bildungsstätte Weberhaus Nieheim“ einen wesentlichen Beitrag zur Verwirklichung des Programms Adolph Kolpings in der Erzdiözese geleistet hat. Solange ich Diözesanpräses von Paderborn war, habe ich im Weberhaus Nieheim mein Hauptarbeitsfeld gesehen.

Empfang der katholischen Verbände durch Bundeskanzler Kurt Georg Kiesinger

Aktion Altkleidung- und Papiersammlung für die Entwicklungshilfe

Diese Aktion hatte folgende Vorgeschichte: Zu meiner Wahl zum Diözesanpräses des Kolpingwerkes Paderborn bekam ich viele Glückwünsche. Darunter war ein Brief von Bischof Arkfeld aus Neuguinea. Am Schluss des Schreibens bat der Bischof höflich um die „restlichen 25 000 DM“. In der ersten Diözesanvorstandssitzung, die ich zu leiten hatte, fragte ich den Vorstand, was das zu bedeuten habe. Zunächst Schweigen. Dann berichtete der ehrenamtliche Geschäftsführer Binger: „Wir haben vor langer Zeit die Aktion ‚Mein Kolpingopfer‘ durchgeführt. Danach hatte jedes

Mitglied im Diözesanverband Paderborn neben dem Verbandsbeitrag zusätzlich im Jahr 5 DM zu zahlen. Dieser Betrag diente zu je 1 DM als Spende dem Wiederaufbau der Minoritenkirche in Köln, dem Wiederaufbau des Generalsekretariats in Köln, dem Neubau des Jugendwohnheimes am Kolpinghaus in Paderborn, der Errichtung der „Kolping-Bildungsstätte Weberhaus Nieheim" und als Spende für Entwicklungshilfe dem Steyler Missionar Bischof Arkfeld in Neuguinea.
Bischof Arkfeld haben wir aus der Aktion ‚Mein Kolpingopfer' 50 000 DM versprochen, von denen 25 000 DM sofort überwiesen wurden. Da die Aktion mit der Zeit aber immer weniger einbrachte und schließlich vollständig zusammenbrach, konnten wir den Rest von 25 000 DM nicht mehr aufbringen. Versuchen Sie, lieber Diözesanpräses, die Aktion wieder zu aktivieren, damit wir dem Bischof den Restbetrag von 25 000 DM dann überweisen können. Das wäre eine lohnende Aufgabe als Einstieg in Ihre Arbeit."
Meine Antwort kam spontan: „Ich habe einen anderen Vorschlag. Wir führen auf Diözesanebene eine Sammlung von Altkleidung und Papier durch, wie ich es mit Messdienern in Bigge bereits einige Jahre für die

Erzbischof Jaeger informiert sich am Nordbahnhof Paderborn über den Verlauf der „Aktion Rumpelkammer", deren Erlös dem „Kardinal-Jaeger-Schulzentrum" in Zerka/Jordanien zugutekommen soll

Mission erfolgreich praktiziert habe." Dieser Vorschlag wurde zwar nicht direkt abgelehnt, aber er rief große Skepsis und deutliches Unbehagen hervor. Das hat mich dann bewogen, in den nächsten Tagen und Wochen einen konkreten Vorschlag für eine solche Aktion auszuarbeiten, um ihn während der Diözesanversammlung, die wenige Wochen später in St. Augustin bei Siegburg stattfand, vorzustellen.
Im Mittelpunkt der Diözesanversammlung stand das Thema: „Mission und Entwicklungshilfe". Dazu referierten ein Steyler Missionar und ein Ministerialrat vom Entwicklungsministerium in Bonn. Das gab mir die Gelegenheit, in dem Schlusswort zur Diözesanversammlung die „Aktion: Altkleidung- und Papiersammlung für die Entwicklungshilfe" vorzustellen. Begründet habe ich meinen Vorschlag mit dem letzten Satz meines Schlusswortes: „Dem, was wir in den Referaten gehört haben, müssen wir nun Taten folgen lassen."
Die erste Tat war für mich, eine Vorstandssitzung im Bezirksverband Rheda-Wiedenbrück einzuberufen, um hier ein Exempel der Aktion zu starten. Denn dieser Bezirk war sehr aktiv in Bezug auf Bildungsarbeit und soziale Aktionen. Nachdem ich die Aktion in der Sitzung ausführlich dargestellt und begründet hatte, kam es zu einer lebhaften Diskussion. Es gab kaum Zustimmung, sondern nur Skepsis und deutliche Ablehnung. Bisweilen musste ich Spott und Hohn hinnehmen, so dass sich der Altsenior dafür entschuldigte. Die Sitzung endete schließlich gegen 22.30 Uhr mit der unfreundlichen Geste des Vorsitzenden: Er nahm ein 5-DM-Geldstück aus seiner Tasche, knallte die Münze vor mir auf den Tisch hin mit den Worten: „Hier haben sie 5 DM, führen Sie bitte die Aktion ‚Mein Kolpingopfer' wieder ein und lassen Sie endlich die ‚Lumpensammlung' fallen. Die Sitzung ist geschlossen."
Am anderen Morgen wollte sich der Altsenior, ein gestandener Tischlermeister, noch einmal für die gestrige unfreundliche Sitzung entschuldigen.

Akteure der „Aktion Rumpelkammer": Eduard Hartmann, Günter Binger, und Heinrich Festing im Gespräch mit dem Kardinal

Ich bin ihm sofort ins Wort gefallen und habe ihm gesagt: „Du brauchst dich nicht entschuldigen, aber du musst mir versprechen, dass in zwei bis drei Wochen eine neue Sitzung des Bezirksvorstandes stattfindet." Das hat er nach einigem Zögern getan.
Bis dahin habe ich dann alle konkreten Vorbereitungen für die Sammlung erledigt: Abnehmer für Altkleidung und Papier ermittelt und Preise mit ihnen ausgehandelt; mit der Bundesbahn die Transporte vom Verladebahnhof zu den Abnehmern geregelt; Genehmigungen bei den Behörden eingeholt; Handzettel für die Werbung erstellt; Presseberichte vorbereitet etc. Damit bin ich dann in die zweite Sitzung gegangen, die friedlicher und harmonischer verlief als die erste. Für den Bezirksvorstand und die Vorstände der einzelnen Kolpingsfamilien verblieben lediglich die Aufgaben: am Sonntag vor dem Tag der Sammlung (Samstag) in allen Gottesdiensten die gedruckten Handzettel zu vertreiben; Fahrzeuge für die Sammlung zur Verfügung zu stellen; für genügend Helfer zu sorgen und die Organisation der Sammlung in den Städten und Gemeinden zu regeln. Nach Darlegung all dieser Maßnahmen stimmten alle meinem Vorschlag zu, im Bezirk Rheda-Wiedenbrück die „Aktion: Altkleidung- und Papiersammlung für die Entwicklungshilfe" als Exempel durchzuführen.
Die Aktion verlief am Tag der Sammlung reibungslos und ohne irgendwelche Schwierigkeiten. Es beteiligten sich weitaus mehr Helfer als vorgesehen. Die Leute stellten solche Mengen an Altkleidung und Papier vor die Haustür, dass die bereitgestellten Waggons am Güterbahnhof nicht ausreichten und ergänzt werden mussten. Am späten Nachmittag war die Aktion abgeschlossen. Die Freude bei allen Beteiligten war übergroß. Damit war das „Eis gebrochen" und der Weg frei für die zweite Aktion im Bezirk Hamm. Als ich dann den Erlös der Aktion in Rheda-Wiedenbrück mit 49 000 DM bekannt gab, war die Begeisterung im Diözesanvorstand wie bei den einzelnen Kolpingsfamilien groß, die Aktion in der ganzen Diözese durchzuführen. Damit wurde noch im Winterhalbjahr 1966/67 begonnen und bis heute fortgesetzt.

In den ersten drei Jahren sah die Bilanz der Aktion folgendermaßen aus:

Erlös	**1967**	**1968**	**1969**	**Gesamt**
Brutto	718.976,- DM	737.560,- DM	543.415,- DM	1.999.952,- DM
Unkosten	34.032,- DM	25.977,- DM	28.588,- DM	88.598,- DM (4%)
Reingewinn	684.944,- DM	711.583,- DM	514.827,- DM	1.911.354,- DM

Der Reingewinn wurde zu 75 % für die Entwicklungshilfe zur Verfügung gestellt. 25 % verblieben im Diözesanverband und wurden für Bildungsmaßnahmen und soziale Zwecke verwendet.

Hilfe für Jordanien durch das Kolpingwerk Paderborn

Gleich nach dem „6-Tage-Krieg" im Juni 1967 zwischen Israel auf der einen Seite und Ägypten, Syrien und Jordanien auf der anderen Seite hat mich Lorenz Kardinal Jaeger zu einem persönlichen Gespräch eingeladen. Er war damals Großprior des deutschen Zweiges des „Ritterordens vom Heiligen Grab zu Jerusalem". Bei dem Gespräch schilderte er mir die traurige Lage des Staates Jordanien, die durch den Krieg entstanden war. Denn Jordanien hatte die „Westbank", das Gebiet westlich des Jordans mit der Hauptstadt Jerusalem und der fruchtbaren Jordanebene, infolge der Besetzung durch Israel verloren. Daher musste in „Transjordanien", dem Gebiet östlich des Jordans, ein neues Staatswesen mit der gesamten Infrastruktur wie Schulen, Sozialeinrichtungen, Kirchen etc. neu aufgebaut werden.
Dabei spielte Zerka, die blaue Soldatenstadt, eine besondere Rolle. Sie liegt etwa 20 km nordwestlich der heutigen Hauptstadt Amman. Durch ein Soldatenlager ist sie entstanden. Vor dem „6-Tage-Krieg" hatte Zerka 10 000 bis 15 000 Einwohner. Durch die Zuwanderung der Flüchtlinge aus Palästina nach dem Krieg wuchs die Stadt sehr schnell bis zu 400 000 Einwohnern. Heute hat sie bereits über 600 000 Einwohner. Die Christen bilden dabei eine Minderheit. Im Süden der Stadt hat der Ritterorden der USA für die lateinischen Christen eine kleine Kirche unter dem Patronat Papst Pius' X. und einige Schulräume errichtet. Patriarch Albert Gori aus Jerusalem bat während einer Konzilssitzung in Rom Kardinal Jaeger von Paderborn, ihm behilflich zu sein, im Nordteil der Stadt Zerka ebenfalls eine Kirche und ein Schulzentrum zu errichten. Das Grundstück dafür hatte Weihbischof Sima'an als Vertreter des Patriarchen von Jerusalem in Jordanien bereits erworben. Kardinal Jaeger errichtete auf dem Gelände ein einstöckiges Schulgebäude und Frau Underberg – auch Ritterdame – einen kleinen Kindergarten. Beide Einrichtungen wurden von Erzbischof Jaeger am 10. März 1964 eingeweiht. In Verbindung damit wurde Zerka-Nord durch Patriarch Albert Gori zur Pfarrei erhoben. Es fehlte aber noch eine Kirche. Als Erzbischof Lorenz Jaeger 1965 zum Kardinal ernannt

wurde, widmete er alle Geschenke dem Kirchenbau in Zerka-Nord. Seit September 1967 konnte der Unterbau der Kirche, der später als Pfarrsaal dienen sollte, als provisorischer Gottesdienstraum verwendet werden.
Dann brach der „6-Tage-Krieg" aus, der die Situation in Jordanien und besonders auch in der Stadt Zerka veränderte. Kardinal Jaeger durfte nach diesem Krieg weder nach Jordanien noch nach Israel einreisen. Darum bat er mich, mit Herrn Direktor Pauls, Kanzler des Ritterordens aus Köln, Dr. Tacke, Wuppertal, Mitglied des Vorstandes des Ritterordens, Pater Eichinger S.V.D., St. Augustin, und Herrn Blüggel vom Generalvikariat in Köln ins Heilige Land zu reisen und in seinem Namen das von ihm begonnene Werk in Zerka fortzusetzen. Ferner äußerte er die Bitte, den Erlös der nächsten Aktion der Altkleider- und Papiersammlungen ausschließlich dem Heiligen Land und besonders der Pfarrei Zerka zur Verfügung zu stellen. Diese Bitte hat der Diözesanvorstand dem Kardinal gern erfüllt.
Vom 15. März bis 4. April1968 haben wir die Reise durchgeführt, um zunächst die Probleme des Schul- und Krankenhauswesens im Libanon zu lösen und danach die Planungen zur Erweiterung der Grundschule zur Realschule und zum Gymnasium in Jordanien zu regeln. Hinzu kam die Planung eines Sozialzentrums für Mädchen und Frauen in Zerka-Nord. Als drittes Projekt stand die Planung einer Handwerkerschule im Großraum Amman-Zerka auf unserem Programm in Jordanien. Wegen des Kriegszustandes war dafür folgender Reiseweg erforderlich: Flugreise von

Besuch in Beirut und Gespräch mit dem damaligen Patriarchen Meouschi über die Situation im Libanon nach dem „Juni-Krieg" 1967 im Heiligen Land

Reise mit Kardinal Jaeger nach Jordanien im März 1968 zur Einweihung der Kirche und des „Kardinal-Jaeger-Schulzentrums" in Zerka-Nord

Düsseldorf nach Beirut im Libanon; von Beirut nach Amman in Jordanien. Da wir nach Erfüllung unserer Aufgaben alles mit dem Patriarchen in Jerusalem abstimmen mussten, war Jerusalem unsere letzte Station. Der Weg von Amman beträgt 1,5 Autostunden. Aber eine Einreise von Amman mit einem jordanischen Stempel im Reisepass und umgekehrt war nicht möglich. So mussten wir die Reise per Flug von Amman nach Beirut im Libanon und von dort über Nikosia auf Zypern nach Tel Aviv antreten. Mit dem Wagen fuhren wir dann weiter nach Jerusalem. So musste ich stets zwei Reisepässe haben. Denn nach dieser ersten Reise musste ich noch oft mit dem Kanzler des Ritterordens oder dem Oberbaurat Goergen vom Erzbistum Köln diese Reisen zur Begleitung und Abrechnung der Bauarbeiten ins Heilige Land antreten. Vielfach auch allein.
Nun wieder zurück zu meinen Aufgaben des „Kardinal-Jaeger-Schulzentrum" in Zerka-Nord. Die von Kardinal Jaeger errichtete Grundschule und der Kindergarten von Frau Underberg wurden erweitert und in das gesamte Schulzentrum eingegliedert. Zum ersten Bauabschnitt gehörten Grundschule und Realschule. Beide konnten den Unterricht mit dem Schuljahr 1969/70 beginnen. Der zweite Bauabschnitt, die Errichtung des

Gymnasiums, wurde bis zum 1. September 1970 abgeschlossen, so dass mit dem neuen Schuljahr im Herbst auch das Gymnasium die Tore öffnen konnte. Das alles verdanken wir dem sehr rührigen Pfarrer Mario Fourlan, dem Caritasdirektor Pater Emmanuel Sawalla, der unser Berater und Dolmetscher bei den Behörden war, und dem hervorragenden Architekten Gazawi. Die Kosten für diesen gesamten Schulbereich betrugen 303 500 DM, die insgesamt vom Kolpingwerk Diözesanverband Paderborn getragen wurden.
Parallel zu diesem Schulzentrum lief die Errichtung eines „Sozialzentrums zur Ausbildung von Mädchen und Frauen" gegenüber dem Schulzentrum. Es war der Wunsch von Kardinal Jaeger, das Sozialzentrum mit dem gesamten Schul- und Pfarrzentrum zu verbinden. Das ist geschehen. Es enthält folgende Einrichtungen:

- Näh- und Strickzentrum, in dem ausgebildet und produziert wird
- Hauswirtschaftslehre
- Säuglings- und Krankenpflege mit Ambulatorium
- Sozialhelferinnenausbildung für ländliche Bezirke
- Schreibmaschinenkurse und Stenographie für Englisch und Arabisch
- Abendkurse für erwachsene Analphabeten.

Die Kosten für dieses Sozialzentrum hat ebenfalls das Kolpingwerk Paderborn übernommen.
Im Mittelpunkt des gesamten „Kardinal-Jaeger-Schulzentrum" steht die Kirche, die der Kardinal mit Hilfe der Spenden zu seiner Kardinalserhebung persönlich finanziert hat.

Einweihung des „Kardinal-Jaeger-Schulzentrums" in Zerka-Nord

Vom 3. bis 11. März 1969 reiste Kardinal Jaeger ins Heilige Land zur Einweihung der „St.-Apostel-Kirche" und des gesamten „Kardinal-Jaeger-Schulzentrums". In seiner Begleitung waren Karl Heinrich Brinkmann, erzbischöflicher Kaplan, Direktor Bruno Pauls, Kanzler des Ritterordens, Frau Dr. med. Ursula Schiller und Heinrich Festing, Diözesanpräses des Kolpingwerkes Paderborn. Erste Station war Beirut im Libanon zum Besuch des Patriarchen Meouschi, der zugleich damals noch stellvertretender Staatspräsident war. Mit ihm besuchten wir das neue moderne Krankenhaus, das vom Ritterorden finanziert und von Borromäerinnen geleitet wurde.

Einweihung der Kirche und des „Kardinal-Jaeger-Schulzentrums" in Zerka-Nord

Tags darauf ging es dann bei strahlendem Sonnenschein über die schneebedeckten Gipfel des Libanon nach Amman in Jordanien. Hier erwartete uns ein triumphaler Empfang im Sinne eines Staatsbesuchs. König Hussein von Jordanien hatte eigens einen General und eine Ehreneskorte zum Empfang auf dem Flughafengelände gesandt. Nach dem Empfang auf dem Flughafen geleitete uns eine Ehreneskorte in das königliche Palais, wo wir uns in das „Goldene Buch" des Königshauses eintragen durften. Für den gesamten Aufenthalt in Jordanien stellte der König dem Kardinal seine gepanzerte Limousine mit einer Leibwache zur Verfügung. Vom Königspalais ging es zum Bürgermeister der Stadt Amman, der im Offizierskasino ein Essen für unsere Gruppe gab.

Ansicht von Kirche und Schulgebäude in Zerka-Nord

Um 15.00 Uhr fand die feierliche Einweihungsfeier der

Kardinal Jaeger mit Schülerinnen und Schülern in Zerka-Nord

Kirche mit einem Gottesdienst statt, anschließend die Einweihung des gesamten Schulzentrums. In der Aula, im Untergeschoss der Kirche, fand danach ein Festakt statt, der von den Schülern gestaltet wurde. Viel Zeit

danach blieb nicht, denn für 19.00 Uhr hatte Weihbischof Sima'an bereits zu einem großen Empfang zu Ehren von Eminenz Lorenz Kardinal Jaeger im bischöflichen Palais geladen. Bei diesem Empfang waren 22 ausländische Botschafter vertreten.
Am folgenden Tag empfing uns König Hussein zu einer Audienz, die nur unserer Gruppe galt. Kardinal Jaeger hielt zunächst eine kurze, aber eindrucksvolle Ansprache, in der er dem Land weitere Hilfen versprach. Sichtlich ergriffen und beeindruckt, dankte der König dem Kardinal für seine Anteilnahme und für die Hilfe des deutschen Volkes nach dem „6-Tage-Krieg". Zum Schluss der Audienz überreichte der König Kardinal Jaeger und Direktor Pauls den höchsten Orden des Landes für die Verdienste, die sie sich um sein Land in der Vergangenheit erworben hatten.

Reise mit Kardinal Jaeger durch Jordanien

Nach den Feierlichkeiten in Zerka stand für den Kardinal ein reichhaltiges „Reiseprogramm" an. Dazu stellte König Hussein wieder seinen Wagen zur Verfügung und dazu einen Geleitschutz von Militär und Polizei. Weihbischof Sima'an vertraute uns seinen Mercedes an, den Kaplan Brinkmann steuerte. Die erste Station war Madaba, wo ein Empfang durch den Gouverneur und den Pfarrer der Gemeinde im Rathaus stattfand. Der Gouverneur bat den Kardinal, sich für eine gerechte Lösung des Flüchtlingsproblems einzusetzen. Der Kardinal antwortete, dass er als Mann der Kirche auf seine Weise dem leidgeprüften Land helfen werde. Der weitere Halt war in Kerak, um uns dort die alte Kreuzritterburg anzusehen. Da das „Auswärtige Amt" auch hier unseren Besuch angekündigt hatte, fand wiederum ein Empfang durch Vertreter des Staates und der Kirche statt. Im Mittelpunkt der Ansprachen stand die Sorge um die Zukunft des Landes. Wieder wurde der Kardinal um Hilfe gebeten.
Nach dem Mittagessen in einem italienischen Krankenhaus ging es weiter nach Petra, der Stadt in den Felswänden. Etwa 300 Jahre vor Christi Geburt haben die Nabatäer ihre Hauptstadt in die Felsen gebaut. Etwa 60 000 Menschen lebten in der Felsenstadt. Obgleich Petra im militärischen Sperrgürtel lag und für die Öffentlichkeit nicht zugänglich war, durften wir im dortigen Rasthaus übernachten. Als wir abends nach einem anstrengenden Tag zu Bett gehen wollten, ließ der Offizier der Wachmannschaft dem Kardinal durch unseren Begleiter und Dolmetscher Pa-

ter Emmanuel sagen: Er habe noch mehr Militär auffahren lassen. Darum könnten wir getrost und ruhig schlafen! Am anderen Morgen hatten wir dann eine sehr gute geschichtliche Führung durch die alte Nabatäerstadt. Nach dem gemeinsamen Mittagessen mit der gesamten Begleiteskorte ging es dann von Petra nach Aqaba am Roten Meer. 5 km vor Aqaba empfingen uns der Gouverneur, der Bürgermeister und der Polizeichef von Aqaba. Nach einem großen Begrüßungszeremoniel fanden wir im Hotel „Coral Beach“ gastliche Unterkunft. Vor dem Abendessen fand eine Konferenz statt, in der ausführlich über die gegenwärtige Situation zwischen Israel und Jordanien berichtet und gesprochen wurde. Denn hier berühren sich beide Länder hautnah. Die israelische Hafenstadt Elat ist nur 5 km von Aqaba entfernt. Nach einem großartigen Abendessen, zu dem der Gouverneur noch besondere Gäste eingeladen hatte, und einem anschließenden Bummel am Strand des Roten Meeres endete dieser Tag.
Den Sonntagmorgen – 9. März 1969 – verbrachten wir in Aqaba. Nach der heiligen Messe in der kleinen melchitischen Kirche und dem Kaffee im Hotel waren wir Gäste des Gouverneurs und des Bürgermeisters. Sie führten uns durch die Hafen- und Badestadt Aqaba. Der Vormittag endete mit einem gemeinsamen Mittagessen. Gern hätten wir noch ein kühles Bad im Roten Meer genommen, aber leider mussten wir nach Amman abreisen. Denn fünf Stunden Fahrt durch die Wüste lagen vor uns. Gegen 20.00 Uhr erreichten wir die Hauptstadt Amman.
Am Montag, 10. März 1969 – letzter Tag vor der Abreise – musste noch ein gewaltiges Programm erledigt werden:
9.00 Uhr: Besuch der lateinischen Patriarchatsschule mit 1500 Schülerinnen – nur Christen. Dort erwartete uns schon das Fernsehen, das uns die ganze Zeit begleitet hatte
10.00 Uhr: Empfang beim Premierminister, Exzellenz Bakjat Talhouni. Bei ihm ging es um humanitäre Hilfe für Jordanien.
11.00 Uhr: Besuch der Schule in Marka in der Nähe des Flughafens. Diese Schule wurde mit Hilfe des Ritterordens zu einem großen Schulzentrum mit einem Mehrzweckraum für den Gottesdienst ausgebaut.
12.00 Uhr: Fernsehinterview mit Kardinal Jaeger über seine Eindrücke und Meinung zur Situation in Jordanien. Es war ein gewagtes politisches Spiel, das der Kardinal aber souverän gemeistert hat. Ich habe das Interview in meinem Reisebericht festgehalten.
13.00 Uhr: Mittagessen bei den Rosenkranzschwestern, an dem auch der deutsche Botschafter Dr. Hille mit Gattin teilnahm.

Den Nachmittag haben wir in Zerka verbracht und uns noch einmal alle Gebäude angesehen und anstehende Fragen geklärt. Im Mittelpunkt stand dabei die Frage nach der Handwerkerschule, die dringend benötigt wird. Diese soll auch vom Kolpingwerk Diözesanverband Paderborn finanziert werden. Darum wurde ich gebeten, diese Sache in Absprache mit Weihbischof Sima'an intensiv voranzutreiben.
Zum Abschluss der gesamten Reise hat der deutsche Botschafter am Abend einen Empfang für Kardinal Jaeger gegeben, zu dem auch ranghohe Politiker und Persönlichkeiten aus Amman eingeladen waren. Ebenfalls eingeladen waren unter anderem die Botschafter Spaniens, Englands, Frankreichs. Die Vertreter der einzelnen christlichen Religionsgemeinschaften gehörten ebenso zu den geladenen Gästen. Mit diesem glanzvollen Empfang endete unser Aufenthalt in Jordanien. Denn am anderen Morgen mussten wir die Heimreise nach Deutschland antreten.

Eine Handwerkerschule für Jordanien

Nach der Einweihung des „Kardinal-Jaeger-Schul- und Gemeindezentrums" mit Kindergarten, Grundschule, Realschule, Gymnasium, Kirche, Pfarrzentrum und Sozialzentrum für Mädchen und Frauen in Zerka-Nord, das vom Kolpingwerk Paderborn wesentlich mitfinanziert wurde, konnte ich mich nun ganz der neuen Aufgabe widmen: eine Handwerkerschule für Jordanien zu planen und zu bauen.
Auf inständiges Bitten des Patriarchen Gori in Jerusalem und seines Weihbischofs Sima'an in Amman fuhr ich im Auftrag von Kardinal Jaeger vom 15. März bis 4. April 1968 nach Jordanien und Israel, um dort die

Reise mit Kardinal Jaeger nach Jordanien: Empfang durch König Hussein

Notwendigkeit und Möglichkeit einer Handwerker- und Gewerbeschule zu prüfen. In Herrn Direktor Pauls aus Köln, Kanzler des Ritterordens, hatte ich einen sachkundigen Berater für die Bauangelegenheiten – er war Chef einer Baugesellschaft – und einen ausgezeichneten Kenner der Verhältnisse in Jordanien und Israel. Wir beide haben uns während unseres dreiwöchigen Aufenthaltes in Jordanien und Israel eingehend mit dem Bau einer Handwerkerschule beschäftigt. Dazu gehörte zunächst eine Bestandsaufnahme.

Bestandsaufnahme der Handwerkerschulen in Jordanien nach dem „6-Tage-Krieg"

- Regierungsschulen:
  Schule für Kunst und Handwerk, Amman
  Schule für Kunst und Handwerk, Irbed
- UNRWA-Schulen (Schulen der Vereinten Nationen):
  UNRWA-Handwerkerschule in Wadi Sir, Amman
- Privatschulen:
  Schneller-Handwerkerschule in Marka, Amman

Diese Schulen haben wir alle besucht und Gespräche mit den Schulleitungen geführt. Bis auf die „Schnellerschule", die Teil eines Waisenhauses ist, das die Familie Schneller gegründet hat, wurde in allen Schulen nur ausgebildet und *nicht* produziert. Ich bin aber von Anfang an davon ausgegangen, eine Handwerkerschule zu bauen, in der ausgebildet *und* produziert wird. Die Produktion soll zum Unterhalt der Schule beitragen und zugleich den Menschen im Land Kaufangebote machen.

Handwerkerschulen auf der Westbank, die Transjordanien nicht mehr zur Verfügung stehen

In dem von Israel besetzten Gebiet gibt es folgende Handwerkerschulen:

- Die Salesianer-Handwerkerschule in Bethlehem
- Die Reformatorische Handwerkerschule in Bethlehem
- Die Reformatorische Handwerkerschule in Ramallah
- Die Lutheranische Handwerkerschule in Jerusalem
- Die Muselmanische Handwerkerschule in Jerusalem
- Eine Schule für Blinde in El Bereh
- Die UNRWA-Schule für Mädchen in Qualandia
- Die staatliche jordanische Handwerkerschule in Beit Hanina bei Jerusalem

Auch diese Schulen haben wir zum größten Teil besucht und uns über die Ausbildung dort informiert.
Nach dieser ersten Bestandsaufnahme haben wir mit dem zuständigen Staatssekretär im Kultusministerium, Buhan Kamal, ein Gespräch über unsere Vorstellung einer Handwerkerschule in Jordanien geführt, die ausbildet *und* produziert, was bei den angeführten Schulen nicht der Fall ist. Dieser Vorschlag imponierte ihm sehr. Er zeigte große Bereitschaft, dabei mitzuwirken.

Notwendigkeit zum Bau von Handwerkerschulen in Jordanien
Die Bestandsaufnahme und geführten Gespräche zeigten, dass im jetzigen Staat Jordanien (Transjordanien) vier Handwerkerschulen den acht Schulen auf dem Gebiet der Westbank, das Israel besetzt hat, gegenüberstehen. Legt man die Schülerzahl dafür zugrunde, dann können in einem Jahr in ganz Jordanien nur 375 Auszubildende eine ordentliche handwerkliche Ausbildung erhalten, da Handwerksbetriebe und Industrieunternehmen zur handwerklichen Berufsausbildung kaum vorhanden sind. Unsere Bestandsaufnahme, die ich hier nur sehr verkürzt wiedergeben konnte, zeigt deutlich, dass der Bau einer Handwerkerschule im Raum Amman-Zerka dringend notwendig war.

Gespräche mit Vertretern der Kirche und des Staates über den Bau einer Handwerkerschule in Jordanien
– Gespräch mit Msgr. J. Sima'an, Weihbischof und Generalvikar des Patriarchen von Jerusalem für Jordanien: Ihm ist sehr daran gelegen, dass das Kolpingwerk Paderborn in Bezug auf die Handwerkerschule aktiv wird, wie beim „Kardinal-Jaeger-Schulzentrum" in Zerka-Nord. Dabei hat er mir seine volle Unterstützung zugesagt.
– Gespräch mit Kultusminister Adib El Ameri und Staatssekretär Burhan Kamal: Mit ihnen habe ich wesentlich über das „Duale System der Berufsausbildung" nach deutschem Modell und über die dazugehörigen „Lehrpläne" gesprochen. Beide begrüßten unser Vorhaben sehr. Sie versicherten uns, dass die Regierung alles tun werde, das Projekt zu unterstützen. Staatssekretär Burhan Kamal hielt folgende Gewerbezweige für sehr notwendig:

- Bauhandwerker-Ausbildung (Maurer und Zimmerleute)
- Bauzeichnung und Katasterabteilung
- Radio- und Fernsehtechnik

- Kraftfahrzeug- und Landmaschinenabteilung
- Uhren- und Messgerätetechnik
- Schreiner- und Polsterabteilung

– Gespräche mit der Deutschen Botschaft in Amman: An diesen Gesprächen nahmen teil: Herr Botschaftsrat Bäumer, Herr Wirtschaftsattaché Feiland und Herr Kultur- und Presseattaché Fein. Sie berichteten zu Beginn der Gespräche, dass die „Jordanisch-Deutsche-Gesellschaft" auch an einer spezialisierten Handwerkerschule interessiert sei. Einzelheiten konnten sie dazu nicht berichten. Alle begrüßten aber unser Vorhaben und versprachen, den Bau einer Handwerkerschule auch durch die Deutsche Bundesregierung zu unterstützen.

Möglichkeiten der Durchführung des Projektes
Da das Kolpingwerk Paderborn als Initiator der Handwerkerschule allein aber nicht in der Lage war, das Projekt zu finanzieren und zu unterhalten, wurde von vornherein geplant, ein „Gemeinschaftswerk" von Erzdiözese Paderborn, Kolpingwerk Paderborn, Bundesrepublik Deutschland und Misereor Aachen zu schaffen.
Die in Jordanien geführten Gespräche, die hernach mit dem Patriarchen Gori in Jerusalem abgestimmt wurden, ergaben folgenden Vorschlag für eine Handwerkerschule:

Ort der Schule: Zerka
Charakter der Schule: Institut für Gewerbe und Handwerk, das auf Produktion hin ausgerichtet ist und zur Selbstständigkeit erzieht (Handwerksmeister).
Leitung der Schule: Lateinisches Patriarchat und Vertreter des Erzbischofs von Paderborn, unterstützt von deutschen Fachleuten mit technischem Personal des Landes.
Gewerbezweige:

- Bauhandwerker-Ausbildung (Maurer und Zimmerleute)
- Bauzeichnung- und Katasterabteilung
- Radio- und Fernsehtechnik
- Kraftfahrzeug- und Landmaschinenabteilung
- Uhren- und Messgerätemechanik
- Schreiner- und Polsterabteilung

Schüler: Externe 250, Interne 50, Aufnahme nach Abschluss der Sekundarschule (Mittlere Reife); aber nicht älter als 20 Jahre

Baugelände: Vorgesehen 40 Dunan (1 Dunan = 1000 m^2)
Gebäude:

- Verwaltungsgebäude
- Wirtschaftsgebäude mit Küche, Speisesaal und Internat
- Werkhallen (für jede Branche 2)
- Schulräume (für jede Branche 3)
- Versammlungsräume, Klubraum

Finanzierung:
Gelände: Lateinisches Patriarchat und Kolpingwerk der Erzdiözese Paderborn
Gebäude und Einrichtung: Bundesministerium für wirtschaftliche Zusammenarbeit
Lehrpersonal: „Misereor"

Wenn die dargelegten Begründungen und Vorschläge für den Bau einer Handwerkerschule in Jordanien auch das Ergebnis einer intensiven und gründlichen Information im Lande waren, so wollten Herr Direktor Pauls und ich dennoch nicht den Anspruch auf Vollständigkeit erheben. Die Vorschläge gaben aber die Möglichkeit, dieses Projekt ernsthaft zu studieren und dann nach Wegen zu suchen, es zu verwirklichen.
Es war jedenfalls der Wunsch aller verantwortlichen Stellen in Jordanien, diesem Werk die Unterstützung nicht zu versagen.
Zur Verwirklichung der vorgelegten Planung waren viele Gespräche und Verhandlungen in Jordanien und Israel – aber auch in Deutschland – erforderlich. Dazu waren etliche Reisen in beide Länder notwendig. Denn die Verhandlungen mit den Behörden in Jordanien waren schwieriger und komplizierter als gedacht. Die Schwierigkeiten begannen mit dem Erwerb und mit der Finanzierung des Baugeländes. Nach dem „6-Tage-Krieg" stiegen die Grundstückspreise im Ballungsgebiet der Hauptstadt Amman und der Stadt Zerka von Tag zu Tag ins Unermessliche. Als dennoch mit Hilfe von Pfarrer Fourlan aus Zerka ein geeignetes Grundstück außerhalb der Stadt Zerka erworben werden konnte, begannen die konkreten Bauplanungen.
Zwei Architekten wurden mit der Planung der Handwerkerschule beauftragt: Architekt Gazawi, der das „Kardinal-Jaeger-Zentrum" geplant und gebaut hatte, und Architekt Marar aus Amman. Die Planungsarbeiten und Genehmigungen nahmen sehr viel Zeit in Anspruch, weil immer wieder von verschiedensten Behörden Einsprüche erhoben und neue Forderungen gestellt wurden, die die Baugenehmigung lange hinausschoben. Als

Empfang der „Paderborner Delegation" durch König Hussein, der Kardinal Jaeger seine „gepanzerte Limousine" mit Geleitschutz für die Reise durch Jordanien zur Verfügung stellte

diese Probleme schließlich weithin gelöst waren, kam das Hauptproblem: die Finanzierung des gesamten Projektes.
Architekt Marar legte dazu einen Finanzierungsplan vor von 150 000 jordanische Dinaro = 1 500 000 DM. Diese Finanzierung galt es nun sicherzustellen. Dazu waren unendlich viele Gespräche und Verhandlungen mit dem Patriarchen in Jerusalem, dem Weihbischof und Generalvikar J. Sima'an in Amman, mit der jordanischen Regierung, mit der Erzdiözese Paderborn und dem Kolpingwerk Paderborn, mit Misereor Aachen, mit dem Ritterorden in Deutschland und verschiedenen anderen Stellen nötig. Die Sicherstellung der Finanzierung erforderte viele Reisen nach Jordanien und Israel und intensive Gespräche mit deutschen Geldgebern. Dazu waren Geduld und Durchsetzungskraft erforderlich. Beides habe ich von Adolph Kolping gelernt.
Mit der Sicherstellung der Finanzierung waren die wichtigsten Voraussetzungen zum Baubeginn geschaffen. Auf die Bauausführung konnte ich aber

keinen direkten Einfluss mehr ausüben. Denn am 18. März 1972 wurde ich zum Generalpräses des Internationalen Kolpingwerkes gewählt. Daher musste ich nach Köln übersiedeln. Die Verantwortung für die Weiterführung der Baumaßnahmen der Handwerkerschule lag nun beim Kolpingwerk der Erzdiözese Paderborn unter der Leitung des Diözesanpräses Manfred Grote und dessen Nachfolger Konrad Belke. Sie haben in enger Zusammenarbeit mit dem Patriarchat in Jerusalem, dem Weihbischof Sima'an in Amman, der Erzdiözese Paderborn, dem Staat Jordanien, dem Ritterorden vom Heiligen Grab zu Jerusalem, der Bundesrepublik Deutschland und Misereor Aachen das Projekt Handwerkerschule weitergeführt und zum Abschluss gebracht. Soweit es mir möglich war, habe ich ihnen dabei weiter mit Rat und Tat zur Seite gestanden. Große persönliche Verdienste um die Finanzierung und Fertigstellung der Handwerkerschule in Zerka Nord haben sich Herr Günter Binger, Geschäftsführer des Kolpingwerkes Diözesanverband Paderborn, die Mitglieder des Ritterordens vom Heiligen Grab zu Jerusalem, Herr Dr. Tacke, Wuppertal, Herr Brenningmeyer, Düsseldorf, und Herr Goergen, Köln, erworben.
Am 12. Oktober 1986 wurde die Handwerkerschule in Zerka-Nord eingeweiht. Im Laufe der Zeit wurde sie um einige moderne technische Berufszweige erweitert. Sie gehört damit zu den modernsten beruflichen Ausbildungsstätten im Heiligen Land. Davon konnte ich mich immer wieder persönlich überzeugen, wenn ich während der Pilgerreisen ins Heilige Land, die ich seit 1980 jährlich durchgeführt habe, mit den Gruppen in Zerka Station gemacht habe. „Kardinal-Jaeger-Schulzentrum" und „Handwerkerschule" in Zerka sind ein Segen für das leidgeprüfte Land Jordanien. Ich danke Gott dafür, dass ich hauptverantwortlich an diesem großartigen Werk mitarbeiten durfte.

Der Ritterorden vom Heiligen Grab zu Jerusalem

Ich habe es als eine sehr große Ehre und als Anerkennung meiner Arbeit für das Heilige Land empfunden, dass ich in der Investiturfeier am 5. Dezember 1970 in Köln durch den Großprior der Deutschen Statthalterei, Se. Eminenz Lorenz Kardinal Jaeger, Paderborn, in den „Ritterorden vom Heiligen Grab zu Jerusalem" aufgenommen wurde. Das war damals für mich eine ganz große Überraschung. Denn ich war einer der jüngsten Mitglieder des Ordens. In der Komturei (Gemeinschaft, Gruppe) „St.

Meinwerk Paderborn“ habe ich seitdem aktiv mitgearbeitet und meine ganze Kraft für die Aufgaben des Ordens im Heiligen Land eingesetzt.
Nach meiner Wahl zum Generalpräses des Internationalen Kolpingwerkes am 18. März 1972 musste ich dann nach Köln übersiedeln. In der größten und ältesten „Komturei Heilige Drei Könige Köln“ fand ich eine liebevolle Aufnahme, denn hier traf ich auf Ordensbrüder und Ordensschwestern, mit denen ich viele Jahre für das Heilige Land gearbeitet habe. Das war sicher der entscheidende Grund dafür, dass ich schon im ersten Jahr nach dem plötzlichen Tod des Priors (geistlicher Leiter) der Komturei Köln als dessen Nachfolger gewählt wurde.
Mit dem leitenden Komtur (Vorsitzender) Prof. Dr. med. Heinrich Jentgens, Chefarzt der Kölner Unikliniken, hatte ich nun die Verantwortung für die geistliche Leitung der Komturei Köln zu tragen. Damit wurde ich auch wieder mit eingebunden in die Arbeit für das Heilige Land. Eine unserer wichtigsten Aufgaben sahen wir beide in der Unterhaltung und Erweiterung des „Baby-Hospitals“ in Bethlehem, dessen Aufbau Prof. Dr. Jentgens nach dem plötzlichen Tod des Gründers verantwortlich betrieben hat. Ihm ist es wesentlich zu verdanken, dass dieses Kinderhospital in ganz Palästina die bedeutendste Einrichtung dieser Art geworden ist. Kinder aller Nationalitäten und Religionen finden hier Aufnahme und ärztliche Behandlung, auch die Kinder der Beduinen.
Einen meiner Schwerpunkte habe ich in der Zusammenarbeit mit dem „Verein vom Heiligen Land“ in Köln in der Errichtung der „Pilgerstätte Tabgha“ am See Genezareth gesehen. Diese alte französische Pilgerstätte wurde bei der Staatsgründung des Staates Israel im Jahre 1948 enteignet und als jüdische Jugendherberge geführt. Das Haus stand aber auf dem Grund und Boden, der dem „Verein vom Heiligen Land“ gehörte. Seit Beginn der „Kibbuz-Einsätze“ haben wir vom Kolpingwerk mit dem Staat Israel „internationale Jugendbegegnungen“ in der „Kadesch“ durchgeführt. Dadurch bekam ich eine enge Beziehung zu diesem Haus. Über 30 Jahre wurde ein Prozess mit dem Staat Israel geführt, um das zerfallene Gebäude dem „Verein vom Heiligen Land“ zurückzugeben. Dieser Prozess endete mit einem Vergleich, den der damalige deutsche Außenminister Genscher herbeigeführt hat: Der „Verein vom Heiligen Land“ gab dem Staat Israel ein anderes Grundstück am See Genezareth und erhielt dafür das alte Gebäude „Kadesch“ zurück. Die deutsche Bundesregierung finanzierte dem Staat Israel eine neue, moderne Jugendherberge, die wiederum auf dem Gelände des „Vereins vom Heiligen Land“ errichtet wurde. Damit

Wiedersehen mit einem alten Freund: Pater Emmanuel in der „Kirche der Brotvermehrung" des Klosters Tabgha am See Genezareth

war der Weg frei für den Bau eines sehr schönen Pilgerheims am See Genezareth. Dafür habe ich mich stets sehr eingesetzt. Die größten Verdienste um dieses Werk haben sich aber Rechtsanwalt Dr. Bernd Potthast aus Köln, Mitglied des Ritterordens, Oberbaurat Goergen, Köln, und vor allem Pater Emmanuel von der Abtei des Benediktinerordens auf dem Sion in Jerusalem erworben. Ihnen gilt der größte Dank.

Vom 22. bis 29. September 2013 fand eine „Pilgerreise der Rheinisch-Westfälischen Ordensprovinz" ins Heilige Land statt. Anlass dazu war die Investitur (Aufnahme neuer Ritter), die zum ersten Mal in der 80-jährigen Geschichte der Deutschen Statthalterei in Jerusalem durch Seine Seligkeit Patriarch S.S. Fouad Twal vorgenommen wurde. Das gab mir die Gelegenheit, während des Aufenthaltes am See Genezareth in dem neuen Pilgerheim zu wohnen. Das war für mich ein großes Erlebnis. Noch größer war die Freude über die Begegnung mit Pater Emmanuel, mit dem ich Jahrzehnte gekämpft habe, die alte „Kadesch" vom Staat Israel zurückzubekommen, um das neue Pilgerheim dort bauen zu können.

Gern hätte ich mit ihm am 6. Oktober 2013 das Jubiläum seines 93. Geburtstages, seines 80-jährigen Aufenthaltes in Israel und seines 70-jährigen Ordensjubiläums gefeiert. Mit 13 Jahren kam er aus Kroatien nach Israel und hat dann sein ganzes Leben im Heiligen Land verbracht. Als junger Benediktinermönch auf dem Sion in Jerusalem wurde er beauftragt, am See Genezareth ein kleines Kloster zu bauen. Das hat er an der Stelle gebaut, wo man den „Stein mit dem Korb von Brot und zwei Fischen" fand, der an die wunderbare Brotvermehrung erinnert. Über diesen Stein wurde dann die „Kirche der Brotvermehrung" gebaut, die ein besonderer Anziehungspunkt aller Heilig-Land-Pilger geworden ist. Krö-

nender Abschluss des Wirkens von Pater Emmanuel am See Genezareth ist der Bau des neuen Benediktinerklosters in Tabgha, durch das er mich bei unserem „Wiedersehen“ geführt hat. Es wurde durch Kardinal Meisner, Köln, den Vorsitzenden des „Verein vom Heiligen Land“, am 17. Mai 2012 eingeweiht.
Für mich war diese – sicher letzte – Pilgerreise ins Heilige Land mit der eindrucksvollen Investiturfeier durch den Patriarchen Fouard Twal ein unvergessliches und eindrucksvolles Erlebnis. Durch die Investiturfeier lernte ich nun auch den vierten Patriarchen für das gesamte Heilige Land kennen. Mit seinen Vorgängern Patriarch Gori, Patriarch Beltritti und Patriarch Sabbah verband mich eine enge Freundschaft und vertrauensvolle Zusammenarbeit aufgrund meiner Arbeit im Heiligen Land.

Kolping-Berufsbildungswerk Brakel

Vom 1. Oktober 1968 bis zu meiner Wahl zum Generalpräses des Internationalen Kolpingwerkes am 18. März 1972 gehörte ich dem „Diözesan-Verwaltungsrat“ der Erzdiözese Paderborn als Vertreter des „Seelsorgeamtes“ an. Bei einer Sitzung im Frühjahr 1969 berichtete Generalvikar Dr. Josef Droste, dass das Knabenkonvikt in Warburg am Ende des Schuljahres 1969 geschlossen werden müsste, weil die zukünftige Belegung nicht mehr gesichert sei. Nach einer kurzen Diskussion darüber fragte mich der damalige Finanzdirektor der Erzdiözese, Prälat Hermann Josef Christoph: „Herr Diözesanpräses, wäre das nicht eine Aufgabe für das Kolpingwerk, das Internat für Bildungsarbeit zu nutzen?“ Meine Antwort kam prompt: „Ja, ich sehe eine Möglichkeit. Denn wir überlegen im Diözesanvorstand zurzeit, wie wir nach dem Beispiel des Kolping-Diözesanverbandes Essen nicht berufsreifen und lernbehinderten Jugendlichen helfen können, eine berufliche Ausbildung zu erhalten.“ Damit wurde ich sofort vom Verwaltungsrat beauftragt, diesbezüglich mit dem Pastor von Warburg als Träger des Konviktes Kontakt aufzunehmen. Das habe ich in Abstimmung mit dem Diözesanvorstand sofort getan. Als wir dann vom Diözesanvorstand mit Fachexperten des „Berufsbildungswerkes Essen-Krey“ die Planung vor Ort in Warburg vornahmen, kamen wir zu der Überzeugung, dass das Konvikt als Internat für die Unterbringung der Auszubildenden zwar sehr gut geeignet sei, aber das zur Verfügung stehende Gelände rings herum bei Weitem für die Einrichtungen der Werkstätten und anderer Räume

nicht ausreichte. Dadurch nahm sich nun auch die Stadtverwaltung der Sache an. Man überlegte, wie das notwendige Gelände zur Verfügung gestellt werden könnte.
In dieser Phase erfuhr der Oberkreisdirektor des Kreises Höxter, Herr Dr. Sellmann, von der Angelegenheit. Er forderte sofort sehr energisch, das Berufsbildungswerk unbedingt im Raum Höxter anzusiedeln. Mit dem Bürgermeister von Brakel und Landrat des Kreises Höxter, Herrn Brunnenberg, kam noch ein dritter Bewerber hinzu. Alle versuchten, das Projekt in ihre Stadt zu bekommen. Dafür boten sie die entsprechenden Baugrundstücke an. Nun hatten wir vom Diözesanvorstand die Entscheidung zu fällen.
Nach reichlichen Überlegungen entschied sich der Diözesanvorstand einstimmig für Brakel als Standort für das Berufsbildungswerk. Bürgermeister Brunnenberg aus Brakel hatte das beste Angebot mit 20 ha Baufläche in einer sehr günstigen Lage vorgelegt. Das musste notwendig zum Ärger der beiden unterlegenen Anbieter führen. Diesen Ärger hatte ich als Initiator der ganzen Sache dann auszubügeln.
Nachdem Grundstücksfrage und Standort geklärt waren, hat der Diözesanvorstand sofort die Vorbereitungen für den Bau des Berufsbildungswerkes getroffen. Es mussten zuerst Gespräche mit der „Bundesanstalt für Arbeit“ in Nürnberg zwecks Finanzierung der Baumaßnahmen und der zukünftigen Unterhaltung und Belegung der Einrichtung geführt werden. Weitere Gespräche fanden statt mit dem „Landesarbeitsamt“ in Düsseldorf. Schließlich mussten auch die umliegenden Arbeitsämter in die Planung einbezogen werden, denn sie waren ja die zukünftigen verantwortlichen Stellen, die festzulegen hatten, welche Jugendlichen in Brakel gefördert werden sollten.
Da die Mitglieder des Diözesanvorstandes bis auf den Diözesansekretär Lothar Pohl ihr Amt alle ehrenamtlich wahrnahmen, oblag mir überwiegend die Aufgabe, die notwendigen Gespräche zu führen. Diese verliefen in der Regel sehr erfolgreich, weil alle Ansprechpartner die Notwendigkeit einer solchen Einrichtung erkannten. Daher war auch die Bereitschaft zur Hilfe überall zu spüren. Somit konnten wir mit der konkreten Planung der Gebäude und Einrichtung des Berufsbildungswerkes beginnen. Drei Hauptaufgaben wurden dafür zugrunde gelegt:

- Den erforderlichen Schulabschluss nachzuholen
- Eignungsabklärung, um den entsprechenden und angemessenen Beruf zu erkunden

- Handwerkliche Ausbildung nach dem „Dualen System“

Auf Grund dieser Vorgaben wurden dann die Berufsfelder und Ausbildungsbereiche wie folgt festgelegt:

- Wirtschaft und Verwaltung
- Metalltechnik
- Bautechnik
- Holztechnik
- Körperpflege
- Ernährung und Hauswirtschaft
- Agrarwirtschaft
- Sonstige Berufe

Diese Hauptberufszweige wurden dann noch in Spezialgebiete untergliedert. Diese aufzuzeigen würde hier den Rahmen sprengen. Jedenfalls wurde von Anfang an ein reichhaltiges berufliches Ausbildungsprogramm geplant und angeboten.

Das Berufsbildungsprojekt wurde für 250 Auszubildende angelegt. Die Unterbringung erfolgte in einem Internat. Zu den Baumaßnahmen gehörten demnach folgende Gebäudeteile:

- Verwaltung und Hauswirtschaft
- Internat und Freizeiträume
- Berufliche Ausbildungsstätten
- Lehrräume für den theoretischen Unterricht
- Räume für Haustechnik und Sonstiges

Nachdem die gesamten Baumaßnahmen mit den entsprechenden Einrichtungen und Ausstattungen festgelegt waren, konnten wir vom Diözesanvorstand den Architekten Reinhold Hendker aus Dortmund beauftragen, das Berufsbildungswerk Brakel zu planen und zu bauen.

Im Herbst 1970 konnte bereits der Grundstein gelegt werden. Dabei habe ich folgende kurze Ansprache gehalten:

„Das Kolpingwerk ist ein katholisch-sozialer Verband, der sich neben der religiösen und gesellschaftspolitischen Bildungsarbeit besonders um die berufsbezogene Aus- und Weiterbildung junger Menschen bemüht.

Es ist das einmalige Verdienst des großen Sozialreformers Adolph Kolpings, sich bewusst um die berufliche Bildungsarbeit junger Menschen zu sorgen. Denn wie kaum ein anderer zu seiner Zeit erkannte Kolping die Notwendigkeit einer gediegenen Berufsausbildung zur Gründung einer Familie und zum Aufbau einer gesicherten Existenz. Aber Kolping ging es nicht nur um die Berufsbildung, sondern auch um die Formung des

jungen Menschen nach christlichen Grundsätzen. Dieses Bemühen hat das Kolpingwerk durch seine ganze Geschichte fortgesetzt und mit anderen Sozialverbänden auf diese Weise die große Kluft zwischen Kirche und Arbeitswelt überbrückt.
Es ist darum auch ganz im Sinne Adolph Kolpings und unseres Werkes, wenn der Diözesanverband Paderborn, der Forderung gehorchend, diese Ausbildungsstätte baut, um jungen Menschen durch Lehrgänge zur Vorbereitung auf Arbeits- und Berufswelt die Möglichkeit der Berufsausbildung zu geben. Denn gerade in jüngster Zeit können wir wieder feststellen, wie wahr das Wort Kolpings ist, dass eine gute Berufsausbildung die beste Gewähr zur Gründung einer Familie und einer gesicherten Existenz ist."
Bis zu meiner Wahl zum Generalpräses des Internationalen Kolpingwerkes am 18. März 1972 konnte ich die Fertigstellung des gesamten Projektes begleiten. Danach lag die Verantwortung bei meinem Nachfolger Diözesanpräses Manfred Grote.
Die feierliche Einweihung erfolgte am 3. Juli 1976. In meinem Grußwort habe ich damals Folgendes gesagt:
„Mit besonderer Freude und Dankbarkeit nehme ich als ehemaliger Diözesanpräses des Diözesanverbandes Paderborn an der Einweihung dieses Berufsbildungswerkes in Brakel teil. Ich danke allen, die beim Aufbau dieses Werkes geholfen haben, und wünsche diesem Ausbildungszentrum eine starke Ausstrahlungskraft. Möge darum der Segen Gottes auf diesem Werk und auf all denen, die hier an der Ausbildung junger Menschen mitarbeiten, ruhen. Den jungen Leuten, die sich hier auf ihre Berufsausbildung vorbereiten, wünsche ich einen guten Start in die Berufs- und Arbeitswelt."

„Es werde Europa"
Diözesankolpingtag in Castrop-Rauxel vom 21. bis 30. 6. 1969

Zu den besonderen Höhepunkten meiner Arbeit als Diözesanpräses des Kolpingwerkes Paderborn gehörten die Vorbereitung und Durchführung des Diözesankolpingtages in Castrop-Rauxel vom 21. bis 30. Juni 1969 unter dem Leitwort: „Es werde Europa".
Anlass dazu war das folgende „Manifest", das auf der XXIII. Generalversammlung des Internationalen Kolpingwerkes vom 11. bis 16. Juni 1968 in Salzburg/Österreich verfasst und verabschiedet wurde:

„Die Jugend der Völker ist in Bewegung geraten. Bewegung jedoch bedarf eines Zieles. Soll die Richtung auf eine von Freiheit und Frieden bestimmte Menschheitsgemeinschaft nicht verfehlt werden, muss jetzt energisch verwirklicht werden: die Völkergemeinschaft Europas als unausweichliche Zwischenstufe zu internationaler und interkontinentaler Solidarität. Eine von den Katastrophen der Vergangenheit und Gegenwart erregte Jugend sucht jenseits von Nationalismus und Kommunismus, jenseits von Klassen- und Rassen-Gegensätzen, eine organisch gewachsene, von brüderlichem Geist erfüllte Gemeinschaft. Organisch gewachsen: Familien-, Stamm- und Nation-Gemeinschaften müssen zu Völkergruppen und zur Menschheitsgemeinschaft reifen. Von brüderlichem Geist erfüllt: Brüder sind, die einen gemeinsamen Vater haben, ob sie ihn kennen oder nicht. Demgemäß gilt unser Appell zunächst der christlichen Jugend Europas: Überwinden wir konkret und konsequent den Widerspruch zwischen christlicher Lehre und unserem Leben. Zum gemeinsamen Werk aber rufen wir auch – ohne Unterschied der Nation und der Konfession – alle, die sich leidenschaftlich für die persönliche Freiheit, für die soziale Gerechtigkeit und für die internationale und interkontinentale Solidarität entschieden haben.
Wir fordern die Verantwortlichen der Jugend (Verbände und Bewegungen) zu einem baldigen sachlichen Gespräch auf, um nüchtern und kühn eine Zukunft zu entwerfen, deren nächste Phase heißt: Es werde Europa!"

Dieses „Manifest" hat das Kolpingwerk Paderborn sofort zum Anlass genommen, um es in die Tat umzusetzen. Das sollte mit einem „Diözesankolpingtag" geschehen. Als Veranstaltungsort wurde die Stadt Castrop-Rauxel gewählt, weil die dortige Kolpingsfamilie im Jahr 1969 ihr 100-jähriges Bestehen feiern konnte. In Verbindung mit diesem Jubiläum hat der Diözesanvorstand dann ein Programm geplant und durchgeführt, in dessen Mittelpunkt das Thema Europa stand. Von dem Diözesankolpingtag in Castrop-Rauxel ist eine Botschaft für die zukünftige Arbeit im Kolpingwerk Paderborn und darüber hinaus ausgegangen, die große Früchte getragen hat. Darum möchte ich das ganze Programm nebenstehend hier auch wiedergeben.

PROGRAMM-ÜBERSICHT

Sonnabend, 21. Juni 1969
20.00 Uhr: Festveranstaltung
„100 Jahre Kolpingsfamilie Castrop-Rauxel“

Sonntag, 22. Juni 1969
8.45 Uhr: Festhochamt
11.00 Uhr: Treffen der Kolpingmitglieder

Montag, 23. Juni 1969
20.00 Uhr: Chor- und Orchesterkonzert

Dienstag, 24. Juni 1969
7.30 Uhr: Wallfahrt zum Kolpinggrab nach Köln

Mittwoch, 25. Juni 1969
20.00 Uhr: Theaterabend „Die Freiheit des Gefangenen“
von Edzard Schaper

Freitag, 27. Juni 1969
20.00 Uhr: Begrüßungsabend der Delegierten aus dem
In- und Ausland

Sonnabend, 28. Juni 1969
8.00 Uhr: Eucharistiefeier
10.00 Uhr: DELEGIERTENTAGUNG
„Europa im Werden – Idee und Wirklichkeit“
13.30 Uhr: Arbeitskreise
I. Arbeitskreis
„Spaltung und Wiedervereinigung der Christen“
II. Arbeitskreis:
„Die Verweltlichung der europäischen Christenheit
und unser Dialog mit den Nichtchristen“
III. Arbeitskreis:
„Ausbau und Erweiterung der europäischen
Gemeinschaften unter besonderer Berücksichtigung

	der Notwendigkeit der politischen und wirtschaftlichen Einigung Europas“
	IV. Arbeitskreis:
	„Wege nach Gesamteuropa im Hinblick auf die osteuropäischen Nationen“
	V. Arbeitskreis:
	„Jugend auf dem Wege nach Europa“
	VI. Arbeitskreis:
	„Berufsausbildung europäisch“
17.00 Uhr:	Zusammenfassung der Arbeitskreise
20.30 Uhr:	„MACHT DOCH ENDLICH WEITER MIT EUROPA“
	Eine Szenenfolge zum Europa-Gedanken

Sonntag, 29. Juni 1969

9.00 Uhr:	FESTGOTTESDIENST
	Zelebrant und Predigt: Se. Eminenz Lorenz Kardinal Jaeger, Paderborn
	Konzelebration mit Priestern aus allen europäischen Ländern
11.00Uhr:	HAUPTKUNDGEBUNG
	„Es werde Europa“
	Bundeskanzler Dr. Josef Klaus, Wien
15.00 Uhr:	Castroper Pferderennen
	Besuch der Europa-Gartenschau in Dortmund
17.00 Uhr:	Jugendtanz mit „The Lords“

Montag, 30. Juni 1969

8.00 Uhr:	Requiem für die Verstorbenen und Gefallenen der Kolpingsfamilie Castrop-Rauxel
9.00 Uhr:	Gedenkstunde am Grabe von Präses Pfarrer Wefer auf dem Friedhof Herne-Börnig/Sodingen
15.00 Uhr:	Kinderfest
20.00 Uhr:	Großer Familienabend

Sonnabend, 21. Juni bis Montag, 30. Juni 1969

„Europäisches Jugendzeltlager mit eigenem Programm“

Die gesamte Festwoche fand einen sehr großen Anklang. Höhepunkt war das Wochenende mit dem Thema Europa. Dazu waren nicht nur die Kolpingsfamilien aus dem Diözesanverband Paderborn eingeladen, sondern aus allen deutschen Diözesen. Hinzu kamen Gäste und Delegierte aus ganz Europa – auch aus osteuropäischen Ländern. Sie nahmen vor allem mit großem Interesse an der „Delegiertentagung“ zum Thema: „Europa im Werden – Idee und Wirklichkeit“ teil. Leider bekamen aus Ostdeutschland nur Rentner die Einreiseerlaubnis dafür. Die Arbeitskreise wurden auf hohem Niveau durchgeführt, weil wir besondere Experten als Leiter dafür gewinnen konnten. Der „Delegiertentag“ endete am Abend mit einem „Szenenspiel“ zum Thema: „Macht doch endlich weiter mit Europa“, das große Begeisterung auslöste.
Den Höhepunkt und Abschluss des Diözesankolpingtages bildete die Festveranstaltung am Sonntag auf dem Marktplatz in Castrop-Rauxel. Der Erzbischof von Paderborn, Kardinal Jaeger, feierte in Konzelebration mit Priestern aus allen europäischen Ländern einen feierlichen Gottesdienst. In seiner Predigt forderte er die Kolpingmitglieder auf, „im Geiste Adolph Kolpings am Werden Europas mitzuarbeiten ... Zu den Bemühungen der großen Politik muss das Drängen von unten kommen.“

Bundeskanzler Dr. Josef Klaus (l.), Österreich, Festredner auf dem „Europa-Tag“ 1968 in Castrop-Rauxel

Für die Hauptkundgebung zu dem Thema: „Es werde Europa“ konnten wir als Festredner den Bundeskanzler Österreichs, Dr. Josef Klaus, gewinnen. Er gehört in die Reihe der großen Europäer wie Robert Schumann, Frankreich, Alcide Degasperi, Italien, und Konrad Adenauer aus Deutschland, die sich als Vorkämpfer für ein vereintes Europa große Verdienste erworben haben. Die Linie dieser Männer hat Dr. Josef Klaus in seinem Festvortrag fortgeführt. Mit großer Leidenschaft hat er die Zuhörer aufgefordert, am „Werden Europas“ mitzuwirken.
Mit dem festlichen Gottesdient und der Hauptkundgebung danach endete der Diözesankolpingtag. Etwa 12 000 Menschen nahmen an diesem Sonntag daran teil. Die Botschaft, die von Castrop-Rauxel ausgegangen ist, blieb nicht ohne Folgen. Denn viele Diözesanverbände und einzelne Kolpingsfamilien haben sie aufgegriffen und eigene Veranstaltungen dazu durchgeführt.
Während der Festwoche fand gleichzeitig ein „Europäisches Jugendzeltlager“ vom 21. bis 30. Juni 1969 in Castrop-Rauxel statt. Dazu waren Jugendliche aus allen Ländern Ost- und Westeuropas eingeladen. Zu unser aller Freude haben viele Jugendliche aus osteuropäischen Ländern daran teilgenommen. Bedauerlicherweise war das Jugendlichen aus Ostdeutschland verwehrt.
Wegen der Bedeutung und großen Teilnahme an diesem Zeltlager möchte ich an dieser Stelle auch das Programm nebenstehend wiedergeben.

Sicherheitsbeamter von Bundeskanzler Dr. Josef Klaus, Bundeskanzler Dr. Josef Klaus, Diözesan-Geschäftsführer Günter Binger, Heinz Kühn, Ministerpräsident von NRW, Oberbürgermeister Kauermann (v. l. n. r.)

EUROPÄISCHES JUGENDZELTLAGER

Samstag, 21. Juni 1969

Anreise der Teilnehmer
Einweisung in das Lager
Begrüßung und Vorstellung

Sonntag, 22. Juni 1969

1. Lagermesse
2. Besuch einer Sportveranstaltung
3. SIM SALA BIM (Ein Zauberabend)

Montag, 23. Juni 1969

1. Stadtführung in Castrop-Rauxel
2. Besichtigung des Bergbaumuseums in Bochum
3. Filmabend

Dienstag, 24. Juni 1969

1. Köln-Kerpen-Fahrt
   (Besichtigung der Geburts- und Wirkungsstätte Adolph Kolpings)
2. Bunter Abend (gestaltet von den Gruppen des Lagers)

Mittwoch, 25. Juni 1969

1. Revierfahrt: Bergwerk- und Hüttenbesichtigung
2. Besuch des Schiffshebewerks in Henrichenburg
3. Schwimmwettkampf

Donnerstag, 26. Juni 1969

1. Besuch der Europagartenschau in Dortmund
2. Besuch des Gelsenkirchener Zoos
3. Beat-Abend

Freitag, 27. Juni 1969

1. Sportwettkampf
2. Schwimmen
3. Teilnahme am Begrüßungsabend des Europatages

Samstag, 28. Juni 1969

1. „Europa – Idee und Wirklichkeit“,
   Referent: Gerd Gans, Bad Oeynhausen
2. Sportwettkampf
3. MACHT DOCH ENDLICH WEITER MIT EUROPA
   Teilnahme an der Veranstaltung auf dem Marktplatz

Sonntag, 29. Juni 1969

Teilnahme am EUROPATAG
09.00 Uhr: FESTGOTTESDIENST
11.00 Uhr: HAUPTKUNDGEBUNG
15.00 Uhr: Castroper Pferderennen
17.00 Uhr: Jugendtanz mit „The Lords“
Festzelt auf dem Festplatz, Widumer Straße

Montag, 30. Juni 1969

Abreise der Teilnehmer

Das „Europäische Jugendzeltlager" hat dazu beigetragen, Kontakte zwischen osteuropäischen und westeuropäischen Jugendgruppen und einzelnen Jugendlichen zu knüpfen. So kam es z. B. zu gegenseitigen Gruppenreisen zwischen der Kolpingjugend im Diözesanverband Paderborn und Jugendgruppen aus Kroatien, das damals noch zu Jugoslawien gehörte. Weitere Kontakte wurden zu Kolpingmitgliedern und heimlichen Gruppen in Ungarn, Rumänien, Polen und anderen Ländern geknüpft oder gefestigt, in denen das Kolpingwerk vor der kommunistischen Herrschaft tätig war, aber durch das Regime verboten wurde. Diese Kontakte haben nach der „Wende" im Jahre 1989 zum sofortigen Wiederaufbau des Kolpingwerkes in Osteuropa wesentlich beigetragen.
Einen großen Beitrag hat das Europäische Zeltlager auch zum Austausch und zur Begegnung von Jugendlichen und Jugendgruppen im Rahmen des „Deutsch-Französischen Jugendwerkes" geleistet. Dabei konnte angeknüpft werden an das, was ich als Jugendseelsorger bereits in der Pfarrei Bigge und im Dekanat Brilon-Süd begonnen hatte. Aus dem ehemaligen „Bemühen um Aussöhnung" wurde ein unbefangenes Miteinander. So entstand ein Austausch durch Reisen, die heute noch stattfinden. Gruppen aus dem Diözesanverband Paderborn reisen nach Lyon, Paris etc., und französische Gruppen nehmen an Veranstaltungen des Kolpingwerkes in Paderborn teil. Dazu hat die „Bildungsstätte Weberhaus Nieheim" einen besonderen Beitrag geleistet.
Der Diözesankolpingtag vom 21. bis 30. Juni 1969 in Castrop-Rauxel mit dem Motto „Es werde Europa" war ein großartiges und nachhaltiges Erlebnis für alle Teilnehmerinnen und Teilnehmer. Denn von ihm sind neue Ideen und Impulse für die Arbeit des Kolpingwerkes ausgegangen, die bis heute nachwirken. Für die Vorbereitung und Durchführung dieses großartigen Ereignisses gilt neben vielen anderen besonderer Dank der Kolpingsfamilie Castrop-Rauxel mit Herrn Günter Binger an der Spitze.

Kolpingpräsides – Wegbereiter für ein „Vereintes Europa"

Als Diözesanpräses in Paderborn habe ich jedes Jahr im Herbst eine „Werkwoche für Präsides der Kolpingsfamilien" durchgeführt. Inhaltlich ging es dabei immer um aktuelle Fragen und Themen der Kirche, des Kolpingwerkes und der Gesellschaftspolitik, die von Fachexperten behandelt wurden. Durchgeführt habe ich die Werkwochen immer in den Familien-

Präsides-Werkwoche in der Familien-Ferienstätte Alsopakok/Ungarn

ferienstätten. Denn die Mitbrüder sollten sich neben der Arbeit auch ein wenig entspannen und die Schönheit der Natur genießen. Dazu boten die Ferienheime die beste Gelegenheit.

Nach dem „Diözesankolpingtag“ in Castrop-Rauxel, an dem viele Präsides teilgenommen haben, kam der Gedanke auf, anstelle der Werkwoche einmal eine Fahrt nach Jugoslawien zu unternehmen. Denn dazu hatte der Generalvikar der Erzdiözese Belgrad, Dr. Hocevar, der auch am Diözesankolpingtag teilgenommen hatte, eingeladen. Dort warb er um Hilfe für den Bau einer „Friedens- und Versöhnungskirche“ in dem Ort Krajugevac, 50 km südlich von Belgrad. Auf dem Rückzug der deutschen Truppen im Zweiten Weltkrieg hatten hier Partisanen deutsche Soldaten angegriffen und getötet. Als Vergeltung dafür wurden 120 junge und ältere Männer zusammengetrieben und längs einer Straße an den Bäumen zur Abschreckung erhängt. Zur Erinnerung an dieses grausame Ereignis und als Zeichen der Versöhnung sollte nun eine „Friedenskirche“ gebaut werden. Das habe ich zum Anlass genommen, für Oktober 1970 eine Fahrt mit den Präsides nach Jugoslawien vorzubereiten. Dabei wollten wir dann auch den Ort Krajugevac besuchen.

Am Sonntagnachmittag, 12. Oktober 1970, haben wir mit etwa 45 Präsides die Fahrt von Paderborn aus begonnen. Die erste Station war die Familienferienstätte Teisendorf. Dort haben wir übernachtet. Am anderen Morgen sind wir sehr früh aufgebrochen zur zweiten Station: Das Priesterseminar in Zagreb/Kroatien. Am Grenzübergang bei Salzburg kam es zu einem peinlichen Missgeschick. Dechant Norbert Henkel aus Rietberg hatte sich verschlafen. Ohne Morgentoilette und Kaffee musste er die Fahrt antreten. In der Hoffnung, dass die Abfertigung am nahen Grenzübergang länger dauern würde, verließ er ohne Jackett, Reiseausweis, Geld und anderes mehr den Bus durch die Hintertür, um eine Toilette aufzusuchen. Die Grenzbeamten hatten aber gerade Schichtwechsel. Darum ließen sie uns ohne jegliche Kontrolle sofort weiterfahren. Keiner hatte aber bemerkt, dass Norbert Henkel nicht im Bus war. Einer der Grenzbeamten wollte uns nachfahren und ihn zum Bus bringen. Aber wir hatten anstelle der direkten Route eine andere um den Mondsee herum genommen. Erst nach einer langen Reisestrecke bemerkten wir den „Verlust von Norbert Henkel", der aber nur ein kurzes Stück mit dem Beamten fahren konnte. Dann musste er – nur mit Hose und Oberhemd gekleidet – an der Straße stehen und auf eine Mitfahrgelegenheit warten. Die Stimmung bei uns im Bus sank auf den Nullpunkt. Aber in der Hoffnung, dass er auf der direkten Strecke vor uns den Grenzübergang von Österreich nach Jugoslawien erreichen würde, haben wir von einer Polizeistation die Grenzbeamten über alles informiert. Denn Norbert Henkel hatte keinerlei Ausweispapiere bei sich. Als wir an der Grenzstation ankamen, mussten wir feststellen, dass er nicht dort war und die Grenzstation nicht passiert hatte. Nun war jegliche Stimmung bei unserer Reisegruppe dahin. Jeder kann sich meine Sorgen und Nöte sicher vorstellen. Ein Fünkchen Hoffnung blieb noch, dass er eventuell an einem anderen Grenzübergang nach Jugoslawien eingereist sein könnte und sich darum schon im Priesterseminar befinde. Als man schließlich auch da nichts von ihm wusste, stieg bei mir die Sorge um ihn ins Unermessliche.

Nachdem wir unsere Zimmer im Priesterseminar Zagreb bezogen hatten und mit dem späten Abendessen beginnen wollten, erschien Norbert Henkel auf einmal im Speisesaal. Der Jubel war groß und die gute Stimmung kam zurück. Nach dem Essen erzählte er uns, wie er nach Zagreb gekommen sei. Das war eine Story sondergleichen. Jedenfalls waren wir alle mit ihm überglücklich, dass er alles gut überstanden hat.

Am anderen Morgen feierten wir mit der Gemeinschaft des Priesterseminars die Eucharistie. Danach schilderte uns der Regens die schwierige Situation des Priesterseminars unter der kommunistischen Regierung des

Landes. Mit 250 Theologiestudenten und Diakonen platzte das Seminar aus allen Nähten. Davon konnten wir nur träumen. Einige Studenten und Diakone berichteten über ihre persönliche Lage. In vielen Fällen fehlte das notwendige Geld zum Studium. Beklagt wurde auch der Mangel an theologischer Fachliteratur.

Im Anschluss an diese Konferenz hatten wir ein ausführliches Gespräch mit dem Erzbischof über die Lage der Kirche in Kroatien und in Jugoslawien. Nach seiner Meinung war der Druck des kommunistischen Systems auf Kroatien besonders stark, weil es sich hier um ein fast ganz katholisches Land handelte, dessen Menschen fest in der Kirche verwurzelt waren. Darum warb er um jegliche Hilfe von außen.

Am Nachmittag führte uns ein Priester durch die Stadt Zagreb. Viel Zeit blieb dafür nicht. Denn für den Abend hatte uns der Erzbischof zu einem Essen in ein Waldlokal eingeladen. Vertreter des Domkapitels, die Leitung des Priesterseminars und die Diakone, die vor der Priesterweihe standen, nahmen daran teil. Denn es sollte ein Abend der Begegnung und der offenen Aussprache werden, was in diesem Waldrestaurant ohne „Bespitzelung" möglich war. Die Tischbesetzung war so angeordnet, dass an jedem Tisch Vertreter unserer Gruppe, Vertreter der Leitung des Priesterseminars und vor allem ein oder zwei Diakone saßen. Während des Essens und danach kam es zu einer echten Begegnung und zu guten Gesprächen.

Nach einiger Zeit kam Dechant Heinrich Ernst aus Olsberg zu mir und dem Erzbischof und erzählte, dass einige Diakone den Wunsch geäußert hätten, sie würden in den Semesterferien gern nach Deutschland kommen, um dort zu arbeiten und sich Geld zu verdienen. Das führte dann zu einer allgemeinen offenen Diskussion. Von unseren Präses wurde sofort die Bereitschaft geäußert, selbst mitzuwirken, Gastgeberfamilien und Arbeitsplätze zu beschaffen. Ich habe mich bereit erklärt, mit dem Diözesanvorstand die „Aktion" auf Diözesanebene zu organisieren. Für den Erzbischof und für die Leitung des Priesterseminars kam das alles zu plötzlich und unerwartet. Aber sie waren darüber erfreut und stimmten dem zu. Der Erzbischof legte Wert darauf, dass das aber nur für die Studenten der letzten theologischen Semester und für die Diakone in Frage kommen sollte. Damit wurde an diesem Abend eine großartige Aktion geboren, die reiche Früchte tragen sollte und getragen hat. Mit dem Regens habe ich vereinbart, die Aktion – in Abstimmung mit dem Erzbischof – für das Jahr 1971 vorzubereiten.

Der Diözesanvorstand des Kolpingwerkes Paderborn stimmte der Aktion einstimmig zu. Daher haben wir die Kolpingsfamilien über die Bezirksvorstände gebeten, Gastgeberfamilien für die Unterbringung eines Studenten oder Diakons während der Semesterferien im Jahr 1971 und vor allem auch Arbeitsplätze zu besorgen. Alles verlief reibungslos und erfolgreich. Im ersten Jahr kamen etwa 80 bis 90 Studenten und Diakone nach Deutschland. In den folgenden Jahren steigerte sich die Zahl. Bis in die Gegenwart läuft die Aktion weiter. Weit über 1000 spätere Priester haben daran inzwischen teilgenommen. Viele echte Freundschaften im Sinne der europäischen Völkerverständigung sind daraus entstanden.

Ernennung zum „Monsignore“ durch Papst Paul VI. am 13. Juni 1972

Von Zagreb ging es dann tags darauf weiter nach Belgrad, der damaligen Hauptstadt Jugoslawiens. In Belgrad fanden wir eine ganz andere Situation vor als in Zagreb. Denn in diesem heutigen Land Serbien leben die Katholiken in einer kleinen Minderheit unter den orthodoxen Christen und Moslems. Über die „Diasporasituation“ berichtete uns der Erzbischof in einem ausführlichen Gespräch. Unter dem kommunistischen Regime hatten die Katholiken auch hier besonders zu leiden.

Im Mittelpunkt der Gespräche und Diskussionen stand in Belgrad natürlich der Bau der „Friedenskirche“ in Krajugevac. Generalvikar Dr. Hocevar führte uns dort hin und erklärte uns ausführlich, was dort geschehen war – wie schon oben berichtet. Die Präsides erklärten sich bereit, persönlich an der Hilfsaktion für den Bau der Kirche mitzuwirken und in ihren Kolpingsfamilien und Gemeinden dafür zu werben. Für das Kolpingwerk im Diözesanverband Paderborn habe ich diese Aufgabe übernommen. Neben Geldspenden aus der „Altkleider- und Papiersammlung" hat der Diözesanvorstand als Zeichen der Solidarität den Tabernakel für die Kirche gestiftet, der in Paderborn angefertigt wurde. Damit wurde während der Präsidesfahrt nach Jugoslawien ein zweites großes Zeichen für ein vereintes Europa gesetzt.

Am Freitagmorgen mussten wir mit Station in Dubrovnik die Heimreise antreten, um am Wochenende für die Gottesdienste wieder daheim zu sein. Für alle Teilnehmer war diese Reise ein unvergessliches und nachhaltiges Ereignis.

Generalpräses des Internationalen Kolpingwerkes und Zentralpräses/Bundespräses des Deutschen Kolpingwerkes in Köln

Die Wahl der beiden Ämter am 18. März 1972

Zu Beginn des Jahres 1972 kündete Generalpräses Msgr. Heinrich Fischer an, dass er von den Ämtern des Generalpräses des Internationalen Kolpingwerkes und des Zentralpräses des Deutschen Kolpingwerkes zurücktreten werde. Diese Nachricht kam für das Deutsche wie für das Internationale Kolpingwerk sehr überraschend, zumal er keinen besonderen Grund dafür angab. Das Generalpräsidium des Internationalen Kolpingwerkes und das Zentralpräsidium des Deutschen Kolpingwerkes hatten nun die Aufgabe, für einen Nachfolger einen gemeinsamen Wahltermin festzulegen und die beiden Wahlen gemäß den Statuten vorzubereiten. Der Wahltermin wurde für den 18. März 1972 in Köln festgelegt. Mit dem Wahltermin wurden von beiden Gremien die Modalitäten der Wahl in den Verbandsnachrichten bekannt gegeben. Dazu gehörte auch der Termin, bis zu dem Kandidaten für die Ämter vorgeschlagen werden konnten. Für den deutschen Verband kam zu der Wahl des Zentralpräses auch noch die Wahl des Zentralvorsitzenden hinzu.
Nach dem Vorschlagstermin gab es für die Wahl des Generalpräses und des Zentralpräses die Kandidaten:
– Heinrich Festing, Diözesanpräses von Paderborn und Landespräses von NRW
– Klemens Kunz, Bezirkspräses des Kolpingbezirks Köln und Subregens des Kölner Priesterseminars
– Werner Schwaderlapp, Diözesanpräses von Limburg und Landespräses von Hessen
Für den Vorsitzenden des Deutschen Kolpingwerkes kandidierte nur Dr. Paul Hoffacker aus Essen.
Alle Kandidaten bekamen den Auftrag, sich mit ihrer Person und ihrem „Programm“ im „Kolpingblatt“ des Deutschen Kolpingwerkes und in den „Mitteilungsblättern“ des Internationalen Kolpingwerkes vorzustellen. Meine Schwerpunkte habe ich in der „Ausbreitung des Kolpingwerkes in der sogenannten Dritten Welt durch die Entwicklungshilfe“, in der „Festigung und Vertiefung der Zusammengehörigkeit des Kolpingwerkes in West- und Ostdeutschland“ und in der „Familien- und Jugendpasto-

18. 3. 1972: Wahl zum Generalpräses des Internationalen Kolpingwerkes und Bundespräses des Deutschen Kolpingwerkes in Köln

ral" dargelegt und begründet. Klemens Kunz hat als Schwerpunkte seiner zukünftigen Arbeit auf die „religiös-kirchliche Bildungsarbeit" und auf die „Jugendarbeit im Verband" hingewiesen. Werner Schwaderlapp sah seine Hauptaufgabe im Falle der Wahl in der „gesellschaftspolitischen und politischen Bildungsarbeit". Am Wahltag selbst konnten wir vor den aktiven Wahlberechtigten nochmals ein kurzes „Statement" abgeben. Am 18. März 1972 folgte die Wahl im großen Saal der Industrie- und Handelskammer zu Köln. Die Wahl war sehr kompliziert. Denn nach den damals gültigen Wahlordnungen war jemand zum „Generalpräses und Zentralpräses in einer Person" erst dann gewählt, wenn er in beiden Wahlgremien die Zweidrittelmehrheit erreicht hatte. Dazu waren mehrere Wahlgänge erforderlich. Nach dem zweiten Wahlgang zog Klemens Kunz seine Kandidatur zurück. Zwischen mir und Werner Schwaderlapp waren dann noch fünf Wahlgänge notwendig, bevor ich die erforderliche Mehrheit nach dem siebten Wahlgang erreicht hatte. Aufgrund dieser „Mammut-Wahl" wurden die „Wahlordnungen" für zukünftige Wahlen geändert. Dr. Paul Hoffacker wurde als erster hauptamtlicher „Vorsitzender des Kolpingwerkes Deutschland" im ersten Wahlgang mit großer Mehrheit gewählt. Nach dem langen Wahltag waren alle müde und erschöpft, so dass die vorgesehene „Wahlparty" im Kolpinghaus International am Abend kurz und bündig stattfand.

Die Einführung in beide Ämter erfolgte einen Tag später in einem feierlichen Gottesdienst in der Minoritenkirche durch Kardinal Höffner, den Protektor des Kolpingwerkes

„Stabsübergabe" am 19. März 1972 von Generalpräses Fischer an Heinrich Festing

Am Sonntagmorgen, 19. März 1972, dem Fest des heiligen Josef, wurden Dr. Hoffacker und ich in einem sehr feierlichen Gottesdienst in der Minoritenkirche durch den „Protektor des Kolpingwerkes", Kardinal Höffner, in unsere Ämter eingeführt. Zugleich wurde ich durch den Kardinal auch zum „Rektor" der Grabeskirche Adolph Kolpings ernannt. Mein Vorgänger, Generalpräses Fischer, wurde durch Kardinal Höffner in diesem Gottesdienst verabschiedet. Der Kardinal dankte ihm für seine elfjährige Tätigkeit in Köln; vor allem für den Wiederaufbau des „Kolpinghaus International". Als „Stiftspropst" in Landshut war er hernach in der Seelsorge tätig. Mit einem gemeinsamen Mittagessen im Kolpinghaus endeten die anstrengenden und erlebnisreichen Tage in Köln.
Von Paderborn musste ich nun nach Köln übersiedeln. Mein neues Zuhause erhielt ich mit meiner Cousine, Frau Niemann, die mir seit meiner Priesterweihe den Haushalt führt, in der Dienstwohnung des Kolpinghauses, das Adolph Kolping als erstes „Gesellenhaus" eingerichtet hat. Gemäß der Tradition war ich als Generalpräses auch Vorsitzender des „Kolpinghauses International". Es umfasst die drei großen Bereiche: Jugendwohnheim mit über 200 jungen Leuten, Hotel mit etwa 100 Betten und ein Restaurant, das in Köln sehr geschätzt wird. In der Leitung des Hauses wurde ich von dem Geschäftsführer, dem Heimleiter und Küchenchef unterstützt.
Mein zweiter neuer Arbeitsbereich war die Minoritenkirche mit den Gräbern des seligen Johannes Duns Scotus und des seligen Adolph Kolping. Als „Rektor" war ich verantwortlich für die gesamte Seelsorge und für die Unterhaltung der Kirche. Neben den Gottesdiensten am Sonntag und an den Werktagen habe ich meine Hauptaufgabe darin gesehen, die „Wallfahrergruppen" zu betreuen, die aus aller Welt zu den Gräbern von Duns Scotus und Adolph Kolping kamen.
Der dritte und zugleich umfangreichste Arbeitsplatz war das „Generalsekretariat des Internationalen Kolpingwerkes". Hier laufen alle Fäden aus dem Deutschen und Internationalen Kolpingwerk zusammen. Intern arbeiten hier 80 bis 100 Mitarbeiterinnen und Mitarbeiter. Nimmt man die Mitarbeiterinnen und Mitarbeiter hinzu, die in den externen Einrichtungen des Kolpingwerkes wie Kolpinghäusern, Familienferienheimen, Bildungsstätten etc. angestellt sind, so sind es etwa 800 Mitarbeiter, die zum Generalsekretariat gehören. Für sie war ich letztlich nun auch verantwortlich.
Zu den Aufgaben innerhalb des Kolpingwerkes kam die verantwortliche Mitarbeit in kirchlichen Einrichtungen und Verbänden wie „Zentralko-

In langer harmonischer Zusammenarbeit haben Heinrich Festing und Dr. Paul Hoffacker, der erste Vorsitzende des Deutschen Kolpingwerkes, das Kolpingwerk über manche Klippen gefüht.

Kolpinghaus International, Neubau des von Adolph Kolping errichteten ersten „Gesellenhospizes", das durch Bomben zerstört worden war

mitee der Deutschen Katholiken" (ZdK), „Bund der Deutschen Katholischen Jugend" (BDKJ), „Arbeitsgemeinschaft Katholischer Verbände" (AKV), „Arbeitsgemeinschaft für Entwicklungshilfe Katholischer Verbände" (AGEH), „Gemeinschaft Katholischer Männer Deutschlands" (GKM) und in vielen anderen. Von diesen kirchlichen Einrichtungen beschäftigte mich am meisten die „Arbeitsgemeinschaft für Entwicklungshilfe Katholischer Verbände" (AGEH). Denn sie ist aus dem Kolpingwerk hervorgegangen und hat ihren Sitz bis heute im Kolpinghaus Köln-Deutz.
Im Jahre 1973 wurde ich zum stellvertretenden Vorsitzenden der AGEH gewählt. Diese Aufgabe habe ich gern übernommen, weil die im Einsatz befindlichen Entwicklungshelfer wesentlich zur Ausbreitung des Internationalen Kolpingwerkes beitragen konnten und beigetragen haben.

Der Wiederaufbau des Internationalen Kolpingwerkes nach 1945

Nach meiner Wahl zum Generalpräses habe ich meinen ersten „Antrittsbesuch" bei Generalvikar Dr. Josef Teusch in Köln gemacht. Denn die Minoritenkirche untersteht der Verwaltung des erzbischöflichen Generalvikariats. Als Rektor der Minoritenkirche hatte ich ja zukünftig oft mit ihm zu tun. Darum auch mein erster Besuch bei ihm. Nach einer kurzen Begrüßung und Gratulation sagte er mir dann wörtlich: „Wenn Sie das alles abbüßen und wiedergutmachen wollen, was das Kolpingwerk meinem treuesten Freund und Mitbruder, Generalpräses Johannes Dahl, angetan hat, dann kommt noch viel auf Sie zu." Mit wenigen Worten hat er dann dargelegt, wie man die Wahl Dahls zum Generalpräses nicht anerkannt und ihn zum Rücktritt gezwungen hat.
Nach diesem für mich erschütternden Einstieg kam es dann aber zu einem sehr herzlichen und freundschaftlichen Gedankenaustausch über das Dritte Reich, über seinen persönlichen Widerstand gegen das Nazi-Regime, über die Hilfsaktion „Misereor", die er wesentlich angestoßen hat, und vieles mehr. Ich habe ihm dann auch über meine Arbeit im Auftrag von Kardinal Jaeger in Jordanien und Israel berichtet. Damit kam es zu einem sehr aufschlussreichen Gespräch, an dessen Ende er mich bat, baldmöglichst wieder zu ihm zu kommen, um intensiv über sein Haupt-

Minoritenkirche in Köln, Grabeskirche von Johannes Duns Scotus und Adolph Kolping

werden. In Österreich war die Situation noch schwieriger. Dort waren die Kolpingsfamilien verboten und die Häuser beschlagnahmt, so dass auch hier ein ganz neuer Anfang erfolgen musste. Das Kolpingwerk in Südtirol blieb zwar durch den Krieg weithin verschont, hatte dann aber unter den politischen Wirren der Nachkriegszeit sehr zu leiden. Vom Zentralverband Holland war nur noch die Kolpingsfamilie Nijmegen und vom Zentralverband Belgien nur noch die Kolpingsfamilie Eupen übrig geblieben. In Luxemburg wurde dem Kolpingwerk durch den Krieg ebenfalls vorübergehend ein Ende gesetzt. Die Zentralverbände Ungarn, Jugoslawien, Rumänien, Tschechoslowakei, Polen und Danzig fielen den kommunistischen Regimen in ihren Ländern zum Opfer.

Die Führungskrise

Um den Wiederaufbau des Kolpingwerkes nach 1945 vorantreiben zu können, musste zuerst wieder eine Führungsspitze geschaffen werden. Denn Generalpräses Theodor Hürth war am 29. September 1944 unter den Bomben im Kolpinghaus International umgekommen. Lokalpräses Heinz Richter von Köln-Zentral und der Geschäftsführer Theodor Babilon wurden am 15. August 1944 von der Gestapo verhaftet und im April 1945 in das Konzentrationslager Ohrdruf bzw. Buchenwald gebracht, wo sie umkamen. Der designierte Nachfolger für Generalpräses Hürth, der Diözesanpräses von Köln, Josef Cardaun, starb am 16. November 1944 in seiner Heimatstadt Düren unter den Bomben. Andere Führungskräfte waren eingezogen zum Militär und im Krieg gefallen oder noch in der Gefangenschaft. Also musste eine ganz neue Führungsspitze geschaffen werden. Das erwies sich als besonders schwierig, da alle Verbindungen zwischen den einzelnen Ländern abgebrochen waren und der Generalrat

Auszeichnung mit dem „Bundesverdienstkreuz am Bande“ durch Bundespräsident Prof. Dr. Richard von Weizsäcker am 15. November 1985, überreicht durch Oberbürgermeister Norbert Burger von Köln

nicht zusammentreten konnte. Aus diesem Grunde wählten die verbliebenen deutschen Mitglieder des Generalrates am 4. Oktober 1945 den Präses der Kolpingsfamilie Düsseldorf-Zentral, Johannes Dahl, zum Generalpräses.

Diese Wahl wurde aber von den Generalratsmitgliedern aus der Schweiz, aus Österreich und Ungarn angefochten und abgelehnt. Das führte zu großen Spannungen. Die Vertreter der Schweiz votierten dafür, dass ein Deutscher zukünftig kein Generalpräses mehr sein könne; ebenso sprachen sie sich auch dafür aus, dass Köln nicht mehr der Amtssitz des Generalpräses sein dürfe. Dies wurde Generalpräses Dahl auf Umwegen mitgeteilt. In der Hoffnung, die Schweizer umstimmen zu können, wollte er in die Schweiz reisen. Da die Reise mit öffentlichen Verkehrsmitteln kaum möglich war, wird ihn der amerikanische Kolpingbruder, Rechtsanwalt Theodor Dengler, dorthin chauffiert haben. Er war der persönliche bevollmächtigte Vertreter des Präsidenten der USA, Truman, für Deutschland. Er hat auch die beiden Kardinäle Frings, Köln, und von Galen, Münster, zur Kardinalserhebung nach Rom chauffiert. Dies hat mir die Gattin von Herrn Dengler, Frau Hildegard Dengler, bei meinem ersten Besuch 1972 in die USA berichtet. Frau Dengler ist übrigens die Initiatorin der „Care-Paket-Aktion“: Lebensmittel aus den USA für Deutschland, die sie sofort nach dem Zweiten Weltkrieg startete.

Generalpräses Dahl bekam nach Aussagen meiner Informanten aber nicht die Einreisegenehmigung in die Schweiz. Über dem „Grenz-Schlagbaum“ in Basel wurde ihm kurz und bündig mitgeteilt, dass man seine Wahl nicht anerkenne und Köln auch nicht mehr das Zentrum des Kolpingwerkes sein könne. Unverrichteter Dinge kehrte er nach Köln zurück.

Die in Basel versammelten Generalratsmitglieder aus der Schweiz, aus Österreich und Ungarn – die deutschen Vertreter mit Generalpräses Dahl an der Spitze bekamen nicht die Einreiseerlaubnis – fassten am 28. April 1947 folgenden Beschluss:

„Da die Leitung des Internationalen Kolpingwerkes bis auf weiteres unmöglich von Deutschland aus erfolgen kann, ist vorläufig auch kein Generalpräses zu wählen. Es wird einstimmig beschlossen, diese Leitung einem ‚Dreierausschuss‘ zu übertragen, bestehend aus den Zentralpräses von Deutschland, Österreich und der Schweiz. Für das Generalsekretariat wird eine Zweiteilung vorgenommen: 1. Generalsekretariat für Deutschland mit Sitz in Köln, 2. Generalsekretariat für den Gesamtverein und insbesondere für die übrigen Zentralverbände mit dem Sitz in der

Aufnahme als „Ehrendomherr“ an der Hohen Domkirche zu Köln am 16. Januar 1987 durch Dompropst Bernhard Henrichs

Als äußeres Zeichen des „Ehrendomherrn“ erhielt ich die goldene Kette (oben) mit dem Bild der Heiligen Drei Könige und das Birett (unten).

Schweiz. Die Leitung dieses Generalsekretariates für den Gesamtverein und die außerdeutschen Zentralverbände wird einstimmig Dr. Theobaldi übertragen." (Anmerkung: Dr. Theobaldi war Zentralpräses des Schweizer Kolpingwerkes. So im Buch: Johannes Dahl: Unser Banner ist entrollt, Düsseldorf 1954, Seite 48, nachzulesen.)
Durch diesen Beschluss drohte das Internationale Kolpingwerk auseinanderzubrechen. Eine Lösung der Probleme sollte die deutsche Zentralversammlung vom 8. bis 11. September 1947 in Stuttgart bringen. Denn Dahl vertraute darauf, dass alle deutschen Diözesanpräsides hinter ihm stehen würden. Das war aber leider nicht der Fall. Die Zentralversammlung formulierte folgenden Beschluss: „Der überwiegenden Mehrheit des Generalrates scheint es bei der heutigen Lage unmöglich, dass ein deutscher Generalpräses die Führung des gesamten internationalen Kolpingwerkes praktisch ausüben kann. Daher werden vom Deutschen Zentralrat die Baseler und Züricher Protokolle als vorläufige Lösung angenommen." (So nachzulesen in dem oben zitierten Buch von Johannes Dahl.)
Bitter enttäuscht trat Generalpräses Johannes Dahl am 9. September 1947 vom Amt des Generalpräses zurück, um den Weg für eine befriedigende Lösung freizumachen. Das Amt des Zentralpräses behielt er bis zur Neuregelung inne. Sein Verzicht war ein Opfer sondergleichen. Nur wer weiß, mit welcher Liebe und Begeisterung er Präses und Bezirkspräses in Düsseldorf war, und wer miterlebt hat, mit welcher Hingabe er den Wiederaufbau des Kolpingwerkes in den beiden ersten Nachkriegsjahren betrieben hat, kann den Opfermut dieses Mannes ermessen. Das Kolpingwerk schuldet ihm daher besonderen Dank, weil er um der Einheit des Internationalen Kolpingwerkes willen dieses Opfer auf sich genommen und auch Ungerechtigkeiten von verschiedensten Seiten still ertragen hat.
Bei meinen Recherchen für das Buch „Adolph Kolping und sein Werk", 1981, stieß ich durch Zufall auf eine kleine mit Schreibmaschine abgefasste Broschüre, die Dahl sehr wahrscheinlich persönlich geschrieben hat. Denn keiner seiner engsten Mitarbeiter oder Vertrauten kannte diese Broschüre. In ihr wird in kurzer Form der gesamte Verlauf der tragischen Geschichte Dahls wiedergegeben. Der letzte Satz lautet: „Dann fiel das Tor des Kolpingwerkes hinter mir ins Schloss." Als ich diese Broschüre gelesen habe, sind mir wirklich die Tränen gekommen.
Nach der gescheiterten Zentralversammlung in Stuttgart und dem Rücktritt von Generalpräses Dahl nahm sich Kardinal Frings, Protektor des Kolpingwerkes, der Sache an. Es wird berichtet, dass er kräftig auf den

Tisch geschlagen und gesagt habe: „Diese Demütigung durch das Schweizer Kolpingwerk lassen wir uns nicht gefallen." Er schlug für das Amt des Generalpräses Studienrat Dr. Bernhard Ridder aus Opladen-Lützenkirchen vor. Durch Vermittlung des USA-Zentralpräses Laukemper ließ er den gesamten Generalrat im Oktober 1948 nach Köln einberufen. Als Ergebnis der Beratungen im Generalrat wurde Studienrat Dr. Bernhard Ridder dann am 14. Oktober 1948 zum Generalpräses und damit zum fünften Nachfolger Adolph Kolpings gewählt. Damit war die Führungskrise überwunden und der gemeinsame Neuaufbau des Internationalen Kolpingwerkes konnte beginnen.

Während alle Nationalverbände die Wahl von Generalpräses Ridder akzeptierten, gab es weiterhin gewisse Spannungen zwischen dem Schweizer Kolpingwerk und der Zentrale des Kolpingwerkes in Köln. Das habe ich als Diözesanpräses von Paderborn und Mitglied im Generalrat bei den internationalen Konferenzen immer wieder erlebt. Darunter haben der spätere Zentralpräses Josef Eberli und mit ihm viele jüngere Mitglieder des Schweizer Kolpingwerkes, die sich unermüdlich für die vollständige Aussöhnung einsetzten, sehr gelitten. Nach meiner Wahl zum Generalpräses bat mich Josef Eberli daher, an einer außerordentlichen Zentralversammlung des Schweizer Kolpingwerkes in Luzern teilzunehmen, um die Spannungen endgültig zu beseitigen. Dieser Bitte bin ich gern gefolgt. An einem Sonntag im Herbst 1972 bin ich nach Luzern gereist, um bei dieser „Versöhnungskonferenz" mitzuwirken. Nach einer kurzen Vorstellung meines Lebenslaufes und beruflichen Werdeganges habe ich dargestellt, wie ich mir die Arbeit im Internationalen Kolpingwerk vorstelle. Besonderes Gewicht habe ich dabei auf die gemeinsame Entwicklungshilfe für die Dritte Welt gelegt. Als ich danach sehr behutsam auf das Thema „Versöhnung" einging, verließ eine Gruppe älterer Delegierter den Saal in Richtung Gaststätte. Dadurch habe ich mich nicht entmutigen und provozieren lassen, sondern mein sorgfältig vorbereitetes Referat zu Ende gehalten. Die anschließende Diskussion darüber im Saal verlief sehr ruhig, sachlich und erfolgreich. Alle Anwesenden waren mit mir der Meinung, die Ereignisse, die zu den Spannungen geführt hatten, zu vergessen, und sich gemeinsam den zukünftigen Aufgaben im Internationalen Kolpingwerk zu stellen.

Nach diesem erfreulichen Verlauf der Konferenz im Saal habe ich mich dann in die „Höhle der Löwen", in die Gaststätte, begeben, wo die „Protestgruppe" heftig diskutierte. In ihre Diskussion habe ich mich eingemischt

und meinen Standpunkt vertreten. Wenn ich auch nicht alle überzeugen konnte, die Spannungen endgültig zu vergessen und beizulegen, und den Blick gemeinsam auf die zukünftigen Aufgaben zu richten, so fand ich bei den allermeisten doch volle Zustimmung für mein Anliegen. Jedenfalls klang der Abend in harmonischer und brüderlicher Gemeinschaft aus.
Nach diesen Gesprächen in Luzern kam es zu einer guten und erfolgreichen Zusammenarbeit zwischen dem Schweizer Kolpingwerk und der Zentrale in Köln. Das gilt besonders für die Arbeit auf dem Gebiet der Entwicklungshilfe. Durch die „Partnerschaftsarbeit" mit Bolivien, Indien und Rumänien hat sich das Schweizer Kolpingwerk große Verdienste erworben bis auf den heutigen Tag. Dafür danke ich allen Mitgliedern im Zentralvorstand sowie allen Kolpingschwestern und Kolpingbrüdern des Schweizer Kolpingwerkes.

Der Kölner Kolpingtag vom 1. bis 7. Juni 1949

Aus Anlass des 100-jährigen Bestehens der Kolpingsfamilie Köln-Zentral fand vom 1. bis 7. Juni 1949 der „Kölner Kolpingtag" statt. Für mich und meine heimische Kolpingsfamilie war die Teilnahme daran ein einmaliges und unvergessliches Ereignis. Besonders gern erinnere ich mich an die Schlusskundgebung vor der Minoritenkirche mit dem Festvortrag von Bundeskanzler Dr. Konrad Adenauer. Der „Kölner Kolpingtag" stand unter dem Leitwort: „Friede – Gerechtigkeit – Tätige Liebe".
Der größte Erfolg des „Kölner Kolpingtages 1949" ist darin zu sehen, dass das Kolpingwerk nach der Zerreißprobe durch den Nationalsozialismus und infolge der Katastrophen des Zweiten Weltkrieges sowie durch die Führungskrise nach dem Kriege wieder über alle Grenzen hinweg zu einer familienhaften Gemeinschaft im Geiste Adolph Kolpings gefunden hat. Das kommt nicht zuletzt im „Kölner Manifest" zum Ausdruck, das von der Deutschen Zentralversammlung beschlossen und von Generalsekretär Dr. Wothe verkündet wurde:

„Liebe Kolpingssöhne!
Hundert Jahre sind seit der Gründung der Kölner Kolpingsfamilie vergangen. Das Saatkorn, das Adolph Kolping am 6. Mai 1849 in die Herzen weniger senkte, hat vielfache Frucht getragen. Über die Grenzen unseres Vaterlandes hinweg konnte sich das Werk Kolpings ausbreiten und

Segen stiften. Aus vielen Staaten und Ländern sind in den Pfingsttagen 1949 Kolpingssöhne nach Köln geeilt, um in der Gemeinschaft mit ihren Kolpingbrüdern aus Deutschland die Jahrhundertfeier des Werkes zu begehen.
Das Werk Adolph Kolpings hat an kraftvoller Gegenwartsbedeutung nichts eingebüßt. Dafür legen Zeugnis ab die drei Forderungen, die wir der ersten Programmschrift des Gesellenvaters ‚zur Beherzigung für alle, die es mit dem wahren Volkswohl gut meinen', entnommen und auf dem Kölner Kolpingtag in alle Welt hinausgerufen haben: Friede – Gerechtigkeit – Tätige Liebe!
Damit bekennt Ihr Euch zum größten Weltanliegen unserer Zeit: Es möge Friede werden! Friede aber kann nur werden, wenn Ihr mithelft, die inneren und äußeren Voraussetzungen dafür zu schaffen. Friede kann nur denen zuteil werden, die guten Willens, die friedfertig und zufrieden sind. Wer nicht den inneren Frieden seines Herzens hütet, kann nicht zum äußeren Frieden unter den Menschen beitragen. – Ihr wisst, dass letztlich dieser Friede aus Gott kommt und nur dann der Welt geschenkt wird, wenn sie den Willen Gottes bejaht. Aus religiöser Grundhaltung verpflichtet Ihr Euch deswegen, am häuslichen, politischen und sozialen Frieden mitzuarbeiten. Wenn Ihr dazu beitragt, dass der Geist des Friedens in die Familien einkehrt, in die Werkstätten und Betriebe, in die Gemeinden und Länder, dann dürft Ihr hoffen, dass der Welt in ihrer heutigen Zerrissenheit der Friede geschenkt wird.
Der Friede erbaut sich sein Haus auf Gerechtigkeit und Liebe, den beiden Fundamenten wahrer Gesellschaftsordnung. Deshalb fordert Ihr Gerechtigkeit für den Menschen in seiner persönlichen Würde, Freiheit und Ehre, für Stämme und Stände in ihrem besonderen Schicksal und ihrer besonderen Eigenart, für Staaten und Völker in ihrer verschiedenartigen Ausprägung und Bestimmung im Rahmen des Gemeinwohls.
Die ungerechte Aufspaltung der Gesellschaft in Klassen verschiedenen Wertes, die unwürdige Auflösung der Gesellschaft durch Vermassung aller Volksschichten bekämpft Ihr durch kraftvolle Vertretung der menschlichen Grundrechte auf Leben und Arbeit, auf persönliche Freiheit und wirtschaftliche Sicherstellung gesunden Familienlebens. Damit verpflichtet Ihr Euch insbesondere zur sozialen Gerechtigkeit, die das Zusammenleben der Menschen im Dienste des Gemeinwohls ordnet. Nur dann wird der Geist der Gerechtigkeit sich ausbreiten, wenn Ihr Euch durch Euer persönliches Leben und Arbeiten in Familien und Beruf, Geschäft und

Betrieb, als Arbeitgeber und Arbeitnehmer, als Produzent und selbständiger Geschäftsmann oder als Verkäufer und Käufer vom Gebot jener Gerechtigkeit leiten lasst, die auch dann versucht, allen gerecht zu werden, wenn es auf Kosten des persönlichen Vorteils geht.
Die Gerechtigkeit wird beseelt durch den Geist der Nächstenliebe, wie Christus ihr im königlichen Gebot Ausdruck verliehen hat. Deswegen fordert Ihr die tätige Liebe, die für uns Christen die Wurzel unseres sozialen Handelns darstellt. Ihr bekennt Euch damit zu dem Grundsatz, dass die Nächstenliebe zwar keinen Ersatz für die fehlende Gerechtigkeit darstellt, aber die Kraft schenkt, Menschen zu bewegen, das Gebot der Gerechtigkeit zu erfüllen. Auch wisst Ihr, dass die Predigt zur Nächstenliebe in einer Welt voll Enttäuschung und Verbitterung, Hass und Feindschaft leeres Wortspiel bleibt, wenn sie nicht bezeugt wird durch das persönliche Beispiel. Darum helft Ihr freiwillig, wo immer Euch Not begegnet, wirkt Ihr beispielhaft durch persönliches Opfer in dem Kreise, in dem Ihr lebt, und dient völlig uneigennützig dem Nächsten, soweit die tatsächlich vorhandene Kraft ausreicht.
Eure Forderungen nach Friede, Gerechtigkeit und tätiger Liebe sind in erster Linie auf die Erziehungsarbeit der Kolpingsfamilie hin ausgerichtet; denn Ihr wisst, dass die erste Aufgabe der Kolpingsfamilie darin besteht, Erziehungsgemeinschaft zu sein. Aber es gilt in dieser Schicksalsstunde unseres Volkes, diese Forderungen auch in den Raum des öffentlichen Lebens zu tragen. Da die Gefahr besteht, dass unsere Forderungen, die die Grundlage eines menschenwürdigen Daseins aller Völker sind, durch Macht und Gewalt niedergetreten werden, rufen wir Euch auf, Euch auch nach außen hin mutig für dieselben einzusetzen, durch aktive Mitarbeit alle Bestrebungen und Einrichtungen zu unterstützen, die der Verwirklichung unserer gesellschaftspolitischen Ziele dienen.
‚Wohlauf, Ihr Brüder! Rüstig ans Werk!
Die Zeit fordert Großes von uns.
Mitten in der Bewegung der Zeit bauen wir ein Haus des Friedens!
Keine wahre Liebe ohne Gerechtigkeit und keine Gerechtigkeit ohne wahre Liebe.' (Kolping)
Die Zentralversammlung der Deutschen Kolpingsfamilie
Köln, am 6. Juni 1949."

Das „Kölner Manifest" hat wesentlich zum Neuaufbau des Internationalen Kolpingwerkes beigetragen. Denn es bildete die Voraussetzung und

Grundlage für die Neufassung des „Generalstatuts", das allen Zentralverbänden und Kolpingsfamilien gerecht werden sollte.
Drei Generalversammlungen – die „XX. Generalversammlung in Köln vom 22. bis 25. September 1955", die „XXI. Außerordentliche Generalversammlung am 20. November 1957 in Köln" und die „XXII. Generalversammlung vom 22. bis 25. August 1963 in Schwyz/Schweiz" – haben die Neufassung des „Generalstatuts" erarbeitet. Die Verabschiedung erfolgte am 25. August 1963 in Schwyz/Schweiz. Damit lag nun ein „Generalstatut" vor, das den gewandelten Verhältnissen angepasst worden war und allen Kolpingsfamilien und Zentralverbänden im Internationalen Kolpingwerk gerecht wurde.

Der III. Internationale Kolpingtag in Köln vom 27. bis 30. Mai 1965

Nachdem nun ein neues „Generalstatut" vorlag, das der inneren „Festigung und Einheit" des Internationalen Kolpingwerkes diente, konnte man auch wieder an einen Internationalen Kolpingtag denken. Anlass dazu bot der 100. Todestag Adolph Kolpings am 2. Dezember 1965. Daher fasste der Generalrat den Beschluss, den „III. Internationalen Kolpingtag" in Köln, wo Kolping gelebt und gewirkt hatte, vom 27. bis 30. Mai 1965 durchzuführen.

Unter dem Leitwort „In Liebe gebunden – frei für die Welt" sollte dieser „III. Internationale Kolpingtag" der Selbstdarstellung des Kolpingwerkes dienen und Impulse bis in jede Kolpingsfamilie hinein geben. Obgleich weder Beschlüsse gefasst noch Resolutionen erlassen wurden, haben die Veranstalter dieses Ziel durch Vorträge, Predig-

Papst Paul VI. richtete über Tonband eine Botschaft an über 50 000 Teilnehmerinnen und Teilnehmer am III. Internationalen Kolpingtag in Köln vom 27. bis 30. 5. 1965

ten, Podiumsgespräche, Kundgebungen und vor allem auch durch gesellige Veranstaltungen erreicht. Mehr als 50 000 Teilnehmer aus allen Ländern, in denen das Kolpingwerk damals vertreten war, bemühten sich, das Werk Adolph Kolpings von seiner Grundidee her neu zu überdenken und den Menschen in einer technisierten Umwelt nahezubringen.
Im Mittelpunkt der einzelnen Veranstaltungen stand die Bildungsaufgabe, die sowohl den Glauben als auch die weltlichen Bereiche in ihrer eigenen Gesetzlichkeit umfassen sollte. Darauf wies auch Papst Paul VI. in seiner Botschaft hin, die er im Anschluss an die Eucharistiefeier im Kölner Fußballstadion über Tonband an die Teilnehmer richtete. Wegen ihrer Bedeutung über den „III. Internationalen Kolpingtag" hinaus soll die Botschaft von Papst Paul VI. hier in vollem Wortlaut wiedergegeben werden:

„Euch, liebe Kolpingssöhne, die ihr aus aller Welt gekommen seid, um des hundertsten Todestages des großen Volkserziehers und Sozialreformers Adolph Kolping zu gedenken, gilt Unser herzlicher Gruß. Ihr wollt euch damit zum Werk Kolpings bekennen, das heute Auftrag und Aufgabe besitzt wie in der Zeit seiner ersten Anfänge. Ihr habt eure Tagung unter das Thema ‚In Liebe gebunden – frei für die Welt' gestellt und sagt damit aus, was Kolping zum Inhalt seines und eures Werkes machen wollte. Das Kolpingwerk ist eine Erziehungsgemeinschaft, die sich frei in der Welt ausbreitet in einer Aktionsgemeinschaft. Eure Erziehungsgemeinschaft hat zum Ziel die Formung der Jugend, der Familie, des Volkes. Euer Merkmal ist, katholische Gemeinschaft zu sein. Eure Formung hat daher ihr Schwergewicht in der religiösen Bildung, von der ihr wisst, dass sie Grundlage jedes echten und wahrhaft glücklichen Lebens sein muss. Eure tiefe religiöse Überzeugung schenkt euch zugleich jene beglückende Sicherheit, die den Christen in dieser Welt auszeichnen soll. So ist das erste Anliegen eures Gründers, glaubensstarke Persönlichkeiten heranzubilden.
Ihr nennt eure Gemeinschaft ‚beseeltes Instrument der Kirche', das sich bewusst in ihr soziales Apostolat stellt. Solcher Dienst fordert persönliche Tüchtigkeit im Beruf, fordert die Pflege gesunden christlichen Ehe- und Familienlebens und ernste Verpflichtung der Einzelpersönlichkeit für Volk und Staat.
Die heutige pluralistische Gesellschaft erwartet mehr denn je hochherzige Einstellung zum Besten des Gemeinwohls, wie es euer Werk von jedem seiner Mitglieder verlangt.

Audienz durch Papst Paul VI. während der „Romwallfahrt" des Kolpingwerkes im Heiligen Jahr 1975

Diese Gesinnung suchen Kolpingssöhne im eigenen täglichen Leben zu verwirklichen, in den Gemeinschaften eurer Vereine, in Hunderten Gesellenhäusern und Jugendheimen, in Jugendlagern und nicht zuletzt durch Unterstützung der Gastarbeiter oder durch Hilfen für berufliche Fortbildung in den Entwicklungsländern.
Allen diesen Werken liegt letzten Endes das Anliegen Kolpings zugrunde, die werktätig schaffende Welt in der Kraft und Liebe Christi zu erneuern. Dieser Geist möge in euch, geliebte Söhne, nach dem Treffen neu erstarken! Dazu erteilen Wir euch und euren Familien wie allen Kolpingssöhnen auf der weiten Welt von ganzem Herzen den Apostolischen Segen."

Wenn Papst Paul VI. hier nur die „Kolpingssöhne" anspricht und nicht die „Kolpingsschwestern", dann daher, dass erst ein Jahr später durch die Zentralversammlung 1966 in Würzburg der Beschluss gefasst wurde, zukünftig auch Mädchen und Frauen als Vollmitglieder im Kolpingwerk aufzunehmen.

Generalpräses Festing überreicht im Beisein von Kardinal Höffner Papst Paul VI. eine Dokumentation über das Internationale Kolpingwerk

Der III. Internationale Kolpingtag in Köln hat viel dazu beigetragen, die familienhafte Gemeinschaft im Internationalen Kolpingwerk zu festigen und der Öffentlichkeit zu zeigen, dass das Kolpingwerk bereit und in der Lage ist, die Probleme und Aufgaben der Zeit in allen Ländern der Erde mit lösen zu helfen. Dafür wurden die Weichen in Köln gestellt. Ich habe die Tage von Köln in allerbester Erinnerung behalten und für meine zukünftigen Aufgaben als Diözesanpräses von Paderborn sehr davon profitiert.

Die geschichtliche Entwicklung der personellen Entwicklungshilfe

Pater Paul Schulte OMI, Oplatenpater der Hünfelder Missionare, bekannt unter dem Namen „der fliegende Pater", weil er angeblich als erster Priester während eines Fluges in der Luft einen Gottesdienst gefeiert hat, warb schon in den Jahren 1938 und 1939 in den Kolpingsfamilien Handwerksmeister und Handwerksgesellen als „Missionshelfer" für die Missionsschulen in Afrika an. Er hatte erkannt, dass für die Missionsarbeit die handwerkliche Ausbildung ebenso wichtig war wie die schulische Aus-

und Weiterbildung. Sein großes Anliegen war, in den Ländern Afrikas einen „handwerklichen Mittelstand" aufzubauen und die „Landwirtschaft" zu fördern. Dazu brauchte er Handwerker und Landwirte. Seine Werbung hatte großen Erfolg. Viele Handwerksgesellen und -meister sowie ausgebildete Landwirte sind ihm nach Afrika gefolgt. Bei meinen ersten Reisen durch Afrika habe ich auf den großen Missionsstationen diese „Missionshelfer" noch kennengelernt. Mit Beginn des Zweiten Weltkrieges am 1. September 1939 war diese großartige Aktion beendet.

Nach dem Kriege besann man sich wieder auf die Aktion von Pater Schulte, zumal Papst Pius XII. ausdrücklich die Mitarbeit der Laien in der Kirche und in der Missionsarbeit gefordert hatte. Auf dem Fuldaer Katholikentag 1954 ging es in dem Arbeitskreis „Christliches Zeugnis bis an die Grenzen der Erde" um die Frage, „ob Laien, wenn sie nicht Mitglieder von Missionsgesellschaften sind, überhaupt in den Missionsgebieten eingesetzt werden sollten". Nach langer und heftiger Diskussion kam es zu folgendem Beschluss:

„Überzeugt von der Notwendigkeit der Mitwirkung katholischer Laien in den Missionen und im Geiste der Weisungen der Enzyklika ‚Evangelii Praecones', empfiehlt die Arbeitsgemeinschaft die Schaffung einer deutschen Institution für die Ausbildung und Betreuung qualifizierter Laienkräfte." So der Bericht über den Fuldaer Katholikentag. Diese „Empfehlung" sollte auf dem Katholikentag 1956 in Köln erneut beraten und beschlossen werden.

Auf dem Kölner Katholikentag 1956 wurde die „Empfehlung" von Fulda nach langer Diskussion positiv entschieden. Am Ende einer langen „Resolution" über diesen Beschluss heißt es:

„Um eine Zersplitterung dieser Kräfte zu vermeiden, wird die Arbeit der an diesen Aufgaben interessierten katholischen Verbände und Organisationen an einer Stelle zusammengefasst werden müssen. Diese Stelle soll in enger Fühlungnahme mit den staatlichen Stellen und Organisationen der Wirtschaft arbeiten. Zur Vorbereitung von Kräften auf ihre Aufgaben als Katholiken in den Entwicklungsländern werden Kurse einzurichten sein." So der Bericht über den Kölner Katholikentag 1956. An die Stelle des Namens: „Missionshelfer" trat nun der Name: „Entwicklungshelfer". Wer diesen Namen zuerst geprägt hat, ist bis heute nicht bekannt.

Das Kolpingwerk griff als erste Organisation den Beschluss des Katholikentages von Köln auf. In Zusammenarbeit mit dem „Deutschen Aussätzigen-Hilfswerk" (DAHW) in Würzburg wurden von Mai bis August 1958

acht Kolpingssöhne aus verschiedenen Berufen im Benediktinerkloster Münsterschwarzach auf ihren Einsatz in Äthiopien vorbereitet und am 14. August ausgesandt. Dort haben sie eine Leprastation aufgebaut.
Vom 21. September bis 30. November 1959 fand in Steyl ein zweiter Vorbereitungslehrgang für acht junge Handwerker aus dem Kolpingwerk statt. Ihr Einsatzgebiet war Malawi (Nyassaland), wo sie zusammen mit einheimischen Partnern drei Schulen und ein „katholisches Zentrum" gebaut haben.
Ein weiterer Kurs für Entwicklungshelfer, die in Zaire und in Tansania eingesetzt werden sollten, wurde vom 1. Oktober 1959 bis 15. April 1960 ebenfalls in Steyl mit den Steyler Missionaren durchgeführt. Neun Handwerker aus dem Kolpingwerk nahmen daran teil.
Das Kolpingwerk darf für sich in Anspruch nehmen, dass es nach dem Zweiten Weltkrieg als erste Organisation systematisch Entwicklungshilfe geleistet hat. Im Bereich der „personellen Entwicklungshilfe" war das Kolpingwerk Schrittmacher. Dadurch hat es die wesentlichen Voraussetzungen für die Gründung der „Arbeitsgemeinschaft für Entwicklungshilfe", AGEH, geschaffen. Diese wurde am 25. November 1959 in Köln gegründet. 39 katholische Organisationen haben sich darin zu einer gemeinsamen Aktion für die Entwicklungshilfe verbunden. Sitz der AGEH war das Kolpinghaus Köln-Deutz.
Die Ausbildungskurse wurden, nach Berufsgruppen getrennt, zunächst in vier Vorbereitungsstätten durchgeführt: handwerklich-technische Kurse im Kolpinghaus Köln-Deutz; landwirtschaftliche Berufe in der „Landjugendakademie Klausenhof", Dingden; soziale Berufe beim Deutschen Caritasverband in Freiburg und Akademiker im „Institut zur Vorbereitung von akademischen Mitarbeitern für Entwicklungsländer" in Bensberg. Im Jahre 1973 wurden die gesamte Verwaltung und die Ausbildungsstätten nach Köln verlegt. Das Kolpingwerk stellte dafür die Bildungsstätte „Philipp-Schlick-Haus" und das „Johann-Gregor-Breuner-Haus" in Köln-Deutz zur Verfügung. Seit dieser Zeit gehörte ich als zweiter Vorsitzender dem Vorstand der AGEH an.
Für die personelle Entwicklungshilfe gibt es in Deutschland vier Einrichtungen mit Ausbildungsstätten: 1. die oben beschriebene AGEH, 2. die nach dem Vorbild der AGEH gegründete evangelische Einrichtung „Dienst in Übersee" (DÜ) mit Sitz in Stuttgart, 3. die von der Deutschen Bundesregierung geschaffene Einrichtung „Deutscher Entwicklungsdienst" (DED) mit Sitz zunächst in Bonn, dann in Berlin, 4. die von der

Bundesregierung und der Industrie gemeinsam geschaffene Einrichtung „Gesellschaft für technische Zusammenarbeit“ (GTZ) mit den Zentralen in Frankfurt und Berlin.

Aktion Brasilien

Die Entwicklungshelfer, die anfangs zum größten Teil aus den Reihen des Kolpingwerkes kamen, brachten nicht nur ihr Fachwissen in die Entwicklungsländer, sondern vermittelten dort auch die Ideen Adolph Kolpings und des Kolpingwerkes. Das führte in vielen Fällen dazu, dass die Entwicklungshelfer „Basisgruppen“ im Sinne einer Kolpingsfamilie gründeten. Damit verbunden waren auch häufig kleine oder auch größere Projekte, die sie mit Unterstützung ihrer Familie, der Kolpingsfamilie und Gemeinde daheim finanzierten. Nach Vertragsende – drei oder fünf Jahre – der Entwicklungshelfer zerfielen häufig die Basisgruppen wie auch die Projekte, weil kein Leiter und damit auch keine Finanzierung zur Unterhaltung der Projekte gegeben war.
Auf Anregung vieler zurückgekehrter Entwicklungshelfer wurde im Deutschen wie im Internationalen Kolpingwerk mehr und mehr der Wunsch geäußert, das Kolpingwerk solle „eigenständig“ Entwicklungshilfe leisten. Für dieses Anliegen habe ich mich aufgrund meiner Erfahrungen, die ich beim Bau von Schulen, des Sozialzentrums für Mädchen und Frauen sowie beim Bau einer Handwerkerschule in Zerka-Nord/Jordanien sammeln konnte, in allen Gremien des Kolpingwerkes eingesetzt. Unterstützung fand ich bei meinem verehrten Vorgänger Generalpräses Fischer und dem damaligen Generalsekretär Ritzerfeld. Aber es gab auch heftige Widerstände – besonders aus den Reihen der deutschen Diözesanverbände. Ihre Einwände waren: „Warum soll das Kolpingwerk eigenständig Entwicklungshilfe leisten, wo wir doch dazu Misereor, Adveniat und Missio haben?“ „Wie sollen wir das überhaupt finanzieren?“ Solche und viele andere Einwände wurden vorgebracht.
Widerspruch und Skepsis kamen aus den kirchlichen Werken. So sagte mir Prälat Dossing, Leiter des Hilfswerks Misereor, mit dem ich aufgrund meiner Tätigkeit im Heiligen Land eng zusammengearbeitet habe: „Sie sagen, Sie wollen ‚eigenständig‘ Entwicklungshilfe leisten, aber in Wirklichkeit geht es Ihnen nur darum, Kolpingsfamilien zu gründen und damit das Kolpingwerk in den Entwicklungsländern auszubreiten.“ Meine Ant-

wort darauf war: „Ja, wir wollen Kolpingsfamilien als ‚Basisgruppen' gründen, die ‚Träger' der Projekte werden, die wir aufbauen wollen. Die Kolpingsfamilien als ‚Projektträger' wollen wir in einem Verband zusammenführen, der die örtlichen Gruppen unterstützt und überörtliche größere Projekte fördert. Darin sehen wir vom Kolpingwerk unseren Beitrag zur Entwicklungshilfe, die wir nicht *gegen* die kirchlichen Werke wie Misereor, Adveniat und Missio aufbauen wollen, sondern in enger Abstimmung und Zusammenarbeit *mit* den Kirchen vor Ort und mit den kirchlichen Werken in den einzelnen Ländern." Wenn ich Prälat Dossing in diesem ersten Gespräch auch nicht überzeugen konnte, so war er später doch sehr angetan von der Arbeit des Kolpingwerkes in der Dritten Welt.
Auf der XXIII. Generalversammlung vom 11. bis 16. Juni 1968 in Salzburg wurde der Antrag eingebracht: „Die gesamte Entwicklungshilfe, die bis zu diesem Zeitpunkt von einzelnen Personen, Kolpingsfamilien, Diözesan- und Landesverbänden sowie von Nationalverbänden geleistet wurde, soll vom Internationalen Kolpingwerk konzentriert und ‚eigenständig' durchgeführt werden." Die Delegierten stimmten diesem Antrag wider Erwarten mit großer Mehrheit zu.
Um eine sinnvolle Konzentration der Entwicklungshilfe herbeizuführen, wurde ein zweiter Antrag eingebracht: „Die Hilfe soll zunächst auf ein Land beschränkt werden." Dafür wurde Brasilien vorgeschlagen und der Antrag mit großer Mehrheit beschlossen.
Für Brasilien sprachen folgende Argumente: geographische Größe, Übergang vom Agrarstaat zum Industriestaat und eine funktionsfähige Kolpingsfamilie vor Ort.
Schließlich wurde noch ein dritter Antrag eingebracht: „Die Entwicklungshilfe in Brasilien soll sich ganz konkret auf das Uranliegen Adolph Kolpings und des Kolpingwerkes beziehen: ‚berufliche Aus- und Weiterbildung'." Auch dieser Antrag wurde mit großer Mehrheit beschlossen.
Um diese Beschlüsse nun in die Tat umzusetzen, wurde von der Generalversammlung eine Kommission eingesetzt, der folgende Personen angehörten: Gerhard Ritzerfeld, Generalsekretär des Internationalen Kolpingwerkes, Köln; Heinrich Festing, Diözesanpräses, Paderborn; Reinhold Hendker, Architekt, Dortmund; Erich Thonon, Kölnische Bauberatung, Köln.
Diese Kommission hatte den Auftrag, in São Paulo mit der Kolpingsfamilie ein Projekt zu planen, das in besonderer Weise der Aus- und Weiterbildung junger Menschen dient. Während der Reise vom 13. bis 29. März

1969 sollten dafür konkrete Unterlagen erarbeitet werden. Bei unserer Ankunft am 15. März in São Paulo, nach einem kurzen Aufenthalt in Rio de Janeiro, wurde uns mitgeteilt, dass ein Konzept dafür schon vorliege. Die Kolpingsfamilie São Paulo hatte einen „Trägerverein für die Durchführung eines Projektes für die Berufs- und Sozialbildung" (ASEK) gegründet, der das Konzept erarbeitet hatte. Dieses Projekt sah vor, in dem Stadtteil Diadema mit Unterstützung der Industrie ein „Ausbildungszentrum für Facharbeiter der Industrie bis zum Ingenieur" zu errichten. Elf deutsche und internationale Großfirmen unter der Federführung eines Vertreters vom Volkswagenwerk waren daran interessiert. Der Bürgermeister von Diadema bot drei Grundstücke für das Berufsausbildungszentrum an. Parallel dazu sollte durch Erweiterung des Kolpinghauses Piraquara auf dem Gelände der Kolpingsfamilie ein „Sozialinstitut" eingerichtet werden, das der religiösen und gesellschaftspolitischen Ausbildung dienen sollte. Von diesem gesamten Projekt war der Reisegruppe – außer Herrn Ritzerfeld – bis zur Ankunft in São Paulo nichts bekannt.
Während wir uns auf ein Gespräch über das „Sozialinstitut im Kolpinghaus" eingestellt hatten, wurden wir sofort vom Trägerverein ASEK durch den Vorsitzenden Antonio Hufnagel auf das Projekt „Diadema" gelenkt. Denn für den Sonntag darauf war bereits die Schenkung eines Grundstücks von 40 000 qm durch den Bürgermeister von Diadema vorgesehen. Auf dem Gelände sollte das Berufsausbildungsprojekt innerhalb eines Jahres errichtet werden.
Dem konnte ich nicht zustimmen. Denn Einzelheiten dazu waren uns von Generalsekretär Ritzerfeld nicht mitgeteilt worden. Die an diesem Abend zum Teil heftig geführten Debatten über das Projekt ergaben, dass man einerseits zu große Versprechen gegeben hatte und andererseits wenig konkrete Überlegungen betreffs Zielsetzung, Integrierung in das brasilianische Bildungssystem, Finanzierung der Bau- und Unterhaltungskosten etc. dafür angestellt hatte. Herr Koelle, Mitglied des Trägervereins ASEK, wurde gebeten, den morgigen Termin im Rathaus abzusagen und den Bürgermeister offen über die am Abend geführte Diskussion zu unterrichten, um auf diese Weise das Grundstück zu sichern.
Nach diesem turbulenten Abend wurden täglich Gespräche mit kirchlichen und politischen Personen und Einrichtungen sowie mit Vertretern der Industrie geführt, wie das Gesamtprojekt finanziell verwirklicht und dann auch unterhalten werden könne. Ich habe dabei stets vorgeschlagen, zunächst Planung, Finanzierung und Unterhaltung des „Sozialzentrums"

auf dem Gelände der Kolpingsfamilie voranzutreiben und das Projekt „Diadema" zurückzustellen, bis alle Fragen, die Kolpinghaus und Sozialinstitut betreffen, geklärt seien. Mit der Begründung, dass dadurch das vorgesehene Gesamtprojekt verraten würde, wurde dieser Vorschlag von dem Trägerverein ASEK, von Generalsekretär Ritzerfeld, von den Vertretern der Großindustrie und vielen anderen Personen und Einrichtungen abgelehnt. Das führte dazu, dass meine weitere Mitarbeit in São Paulo und auch im Generalsekretariat in Köln nicht mehr sehr gewünscht war. Darum habe ich mich aus dem Projekt zurückgezogen.
Mit meiner Wahl zum Generalpräses des Internationalen Kolpingwerkes am 18. März 1972 musste ich nun aber die Verantwortung für das gesamte Projekt in São Paulo übernehmen. Nach meinem Ausscheiden aus der Arbeitsgruppe für dieses Projekt wurden die Planungen für Berufszentrum und Sozialinstitut weitergeführt. Zudem wurden Kurse und Bildungsmaßnahmen in beiden Bereichen durchgeführt. Alle diese Maßnahmen wurden nach Begutachtung von Misereor durch die deutsche Bundesregierung finanziell gefördert. Dadurch wurden Summen mit sechsstelligen DM-Zahlen angehäuft, für die aber klare Belege und Abrechnungen fehlten. Diese verlangte man nun aber vonseiten der Bundesregierung von mir als dem verantwortlichen Rechtsträger des Internationalen Kolping-

Gespräch mit Kardinal Arns, São Paulo, und Generalkonsul Hartmut Schulze-Boysen nebst Gattin über das Kolpingwerk Brasilien

Gespräch mit den „Spitzen" des Kolpingwerkes Brasilien (v. l.): Gustavo Hufnagel, Präsident Jose Saracho, Msgr. Grilli, Generalpräses Heinrich Festing, Diözesanpräses Gottfried Höller, Linz/Österreich, und Nationalpräses Paulo Link, São Paulo

werkes. Da die erforderlichen Belege trotz vieler eindringlicher Mahnungen nicht vorgelegt wurden, musste ich vom 15. bis 22. November 1972 nach São Paulo reisen, um die Angelegenheiten vor Ort zu klären. Meine Begleiter waren Generalsekretär Ritzerfeld, Köln, Bundesvorsitzender Dr. Hoffacker, Essen, und Nationalpräses Zack, Wien.
Mit dem Vorstand des „Trägervereins ASEK" in São Paulo habe ich den Termin abgestimmt und gebeten, mit Kardinal Arns einen Gesprächstermin abzustimmen, bevor wir die einzelnen Gespräche und Verhandlungen führen würden. Nach unserer Ankunft in São Paulo teilte uns der Vorsitzende der Kolpingsfamilie mit, dass der Kardinal am anderen Morgen nur mich allein und niemanden von brasilianischer Seite empfangen wolle. Trotzdem habe ich Nationalpräses Zack, Wien, und den Bundesvorsitzenden Dr. Hoffacker als Begleiter mitgenommen. Nach längerem Warten öffnete Kardinal Arns die Tür zu seinem Büro nur einen Spaltbreit. Als ich zu ihm hintrat, sagte er mir: „Ich möchte Ihnen nur sagen, dass ich mit dem Projekt nichts mehr zu tun haben will." Dann wollte er die Tür schließen. Blitzschnell habe ich meinen Fuß in die Tür gestellt und ihm gesagt: „Herr Kardinal, Sie müssen mich anhören. Ich bin genauso wie Sie gegen das Projekt. Aber ich bin nun verantwortlich für alles, was ohne mein Zutun gelaufen ist." Nach kurzem Zögern

konnten wir eintreten. Dann ließ er uns in wenigen Worten wissen, dass er von dem Ausbildungsprojekt und dem Sozialinstitut nichts halte und ein tiefes Misstrauen gegen das Kolpingwerk hege. Danach habe ich ihm den Grund unserer Reise und der Gespräche mitgeteilt. Seine Reaktion darauf war kurz und bündig: „Damit will ich nichts zu tun haben." Als ich ihm dann meine Vorstellung von der Arbeit des Kolpingwerkes in Brasilien erläuterte und auf ganz einfache Zentren in den Favelas zur Alphabetisierung, zum Gemeindeaufbau durch Kolpingsfamilien im Sinne der Basisgruppen als Projektträger für kleine Ausbildungsstätten an Stelle der Großprojekte etc. hinwies, wurde er freundlicher. Im Verlauf dieses Gespräches habe ich ihm dann gesagt: „In einer Woche treffen Sie mit meinem Erzbischof, Kardinal Jaeger aus Paderborn, in Rom zusammen. Lassen Sie sich von ihm berichten, welche Aufgaben ich in seinem Namen und Auftrag in Jordanien erledigt habe. In gleicher Weise sehe ich zukünftig auch meine Arbeit in Brasilien. Wenn Sie mir einen Priester Ihres Vertrauens zur Seite geben, dem wir vom Kolpingwerk voll vertrauen können, dann werden wir hier weiterarbeiten. Ansonsten müssen wir alle Zelte in São Paulo und Brasilien abbrechen." Darauf kam die Antwort: „Kommen Sie am Montagmorgen wieder."
Am Montag stellte uns der Kardinal seinen Caritas-Direktor, Padre Luciano Grilli, vor und bat mich, ihm unsere Vorstellung der Entwicklungshilfe im Zusammenhang mit der Gründung von Kolpingsfamilien im Sinne der Basisgruppen in den Favelas zu erläutern. Dabei habe ich auch auf den Aufbau des Kolpingwerkes in Brasilien hingewiesen. Als Schwerpunkte unserer Kolpingarbeit in Brasilien habe ich hingewiesen auf die Ausbildung von Facharbeitern in den Industrieballungsgebieten; auf die Handwerksförderung und handwerkliche Ausbildung in den ländlichen Bereichen, um die Landflucht zu stoppen; auf die Förderung der Landwirtschaft durch Aus- und Weiterbildung sowie durch die Gründung von Genossenschaften zur Vermarktung landwirtschaftlicher Produkte. Das alles imponierte sowohl dem Kardinal als auch dem Caritas-Direktor. Denn beide hielten nichts von Großprojekten. Nach dem dreistündigen Gespräch fragte der Kardinal Msgr. Grilli: „Wären Sie bereit, dabei verantwortlich mitzuarbeiten?" Seine Antwort war: „Ja, gerne!" Damit übertrug ihm der Kardinal für ein Jahr die kommissarische Leitung des Kolpingwerkes Brasilien. Der Kardinal erklärte sich selbst bereit, Protektor des Kolpingwerkes Brasilien zu werden. Nach einem Jahr übernahm Msgr. Grilli nochmals die Leitung des Kolping-

werkes für drei Jahre. Dann wurde er zum Generalvikar ernannt. Dem Kolpingwerk ist er stets verbunden geblieben.
Das Gespräch mit Kardinal Arns und Msgr. Grilli war die „Geburtsstunde“ für den Aufbruch des Internationalen Kolpingwerkes in die ganze Welt. Gleich im ersten Jahr gelang es, in den Favelas – Armenviertel – von São Paulo 17 einfache Mehrzweckhallen für Bildungsveranstaltungen zu bauen. Hier fanden Alphabetisierungskurse, Kurse für Familienpflege und Kurse für die berufliche Aus- und Weiterbildung zum Facharbeiter statt. Die Gebäude entwickelten sich zu Gemeindezentren für je bis zu 150 000 Menschen. Gleichzeitig bildeten sich Kolpingsfamilien als Selbsthilfegruppen und Trägergruppen für Projekte.

Die Ausbreitung des Kolpingwerkes in der Dritten Welt

Wie sehr Adolph Kolping durch sein Wirken und Programm auch heute noch die Menschen anspricht, zeigt das ständige Wachstum des Kolpingwerkes in aller Welt. Während sich die Ausbreitung des Kolpingwerkes in den ersten 100 Jahren fast ausschließlich auf Mitteleuropa begrenzte, ist das Internationale Kolpingwerk heute bereits in allen Erdteilen vertreten. Zurzeit gibt es Kolpingsfamilien in über 60 Ländern. In den etwa 5 750 Kolpingsfamilien sind rund 500 000 fest eingeschriebene Mitglieder zusammengefasst. Hinzu kommen diejenigen, die in den Einrichtungen des Kolpingwerkes an allgemeinen Bildungsmaßnahmen, Berufsausbildungen und Berufsweiterbildungsmaßnahmen sowie an anderen Kursen und sozialen Einrichtungen teilnehmen. In den verschiedensten kleineren und größeren Entwicklungsprojekten, die die einzelnen Kolpingsfamilien unterhalten, stellt sich das Internationale Kolpingwerk diesen Aufgaben heute besonders in der sogenannten Dritten Welt.

Lateinamerika
Mit der „Aktion Brasilien“ haben wir 1968 begonnen, das Kolpingwerk in Lateinamerika aufzubauen. Über Brasilien hinaus entstanden in rascher Folge Kolpingsfamilien und Entwicklungsprojekte in den anderen Ländern. Heute existiert das Kolpingwerk in allen Ländern Lateinamerikas. Ebenso wächst das Kolpingwerk in Mittelamerika. So gibt es Kolpingsfamilien in den verschiedensten Diözesen Mexikos. In Nicaragua konnte ich im April 1998 das Kolpingwerk offiziell gründen. Nach Ende des

Bürgerkrieges wurden auch in den anderen Ländern Mittelamerikas Kolpingsfamilien gegründet und Entwicklungsprojekte aufgebaut.
Neben der aktiven Mitarbeit in den Pfarrgemeinden sieht das Kolpingwerk in diesen Ländern seine wichtigste Aufgabe im Aufbau eines handwerklichen Mittelstandes. Im Vordergrund steht darum in den ländlichen Bereichen die handwerkliche Berufsausbildung. Daneben sehen wir eine besondere Aufgabe in der Förderung der Landwirtschaft, um dadurch die Lebensbedingungen in den ländlichen Bereichen zu verbessern und damit der Landflucht entgegenzuwirken. In den Slums und Randgebieten der großen Industriestädte geht es uns darum, den Menschen eine qualifizierte Fachausbildung im Industriebereich zu geben, damit sie einen geordneten Arbeitsplatz finden und für ihre Arbeit auch einen gerechten Lohn erhalten und nicht für den gesetzlichen Mindestlohn ihre Arbeitskraft verkaufen müssen.
Durch gezielte Bildungsarbeit und soziale Seminare werden die Mitglieder des Kolpingwerkes aber auch auf die Übernahme von gesellschaftlicher Verantwortung vorbereitet. Diese Arbeit trägt mittlerweile schon sehr gute Früchte. So ist das Kolpingwerk in Brasilien z. B. nach den Einrichtungen des Staates und der Großindustrie der drittstärkste Träger für die berufliche Ausbildung. In der handwerklichen Berufsausbildung nach dem „Dualen System“ nimmt das Kolpingwerk den ersten Platz ein.
Am Beispiel Brasilien möchte ich nun einmal konkret aufzeigen, was das Kolpingwerk auf dem Gebiet der Berufsbildung und im Bereich der Sozialarbeit bzw. der Sozialeinrichtungen leistet und geleistet hat. Zugrunde liegt dafür der schriftlich vorgelegte Rechenschaftsbericht der Jahreshauptversammlung 1997 in São Paulo, an der ich persönlich teilgenommen habe.

Berufsbildungskurse

In den ersten Jahren stand ganz bewusst der Aufbau kleinerer handwerklicher Berufsbildungszentren im Mittelpunkt unseres Bemühens. Diese Berufsbildungszentren wurden Jahr für Jahr ausgebaut, so dass das Brasilianische Kolpingwerk allein im Jahr 1997 17 781 Schüler/Lehrlinge in 797 Kursen und 30 Fachbereichen zu Facharbeitern ausgebildet hat. In 689 produzierenden Werkstätten wurden im Jahr 1997 über 778 Lehrlinge nach dem „Dualen System“ unserer handwerklichen Ausbildung gefördert und in 51 Handwerksbereichen zur Selbstständigkeit angeleitet. 778 Handwerker haben sich in 66 Fachgruppen zusammengeschlossen, um dadurch den

Aufbau eines handwerklichen Mittelstandes zu fördern. 3 612 Personen erhielten dadurch ein gesichertes Einkommen. Aus dem gleichen Grund sind 38 Gruppen von Kleinbauern und Landarbeitern entstanden. 661 Landarbeiterfamilien erhielten dadurch eine sichere Existenz. 3 305 Personen wurden dadurch zusätzlich durch Mitarbeit begünstigt. 24 genossenschaftlich organisierte Gruppen im Baugewerbe, Kunsthandwerk und Lebensmittelbereich helfen den 1 070 Mitgliedern, fachgerecht zu produzieren und ihre Produkte marktgerecht absetzen zu können.
Bei meinem Besuch in Brasilien im Jahre 2002 konnte ich mich im Staat Mato Grosso davon überzeugen, dass das Kolpingwerk dort im Laufe der Zeit eine landwirtschaftliche Genossenschaft gegründet und aufgebaut hat, der über 2 500 Kleinlandwirte und Bauern angehören. Diese Genossenschaft unterhält 17 Molkereien und 21 Genossenschaftsbanken nach unserem Raiffeisen-System. Dadurch können die Landwirte Maschinen, Werkzeuge, Saatgut etc. zu reellen Preisen erwerben und ihre Produkte zu gerechten Preisen vermarkten.

Sozialeinrichtungen

Einer der Schwerpunkte des Kolpingwerkes Brasilien ist die Familienarbeit. Durch eine Reihe von Diensten und Hilfeleistungen versucht das Brasilianische Kolpingwerk die Familie zu stärken und zu fördern.
Diese Arbeit wird in den zurzeit 335 Kolpingsfamilien mit etwa 700 Untergruppen und rund 30 000 Mitgliedern in 149 Kolpinghäusern, in zehn Bildungszentren, zwei Landwirtschaftsschulen, vier Wohnheimen für Jugendliche, drei Gaststätten und acht Sportanlagen durch sozialpolitische Aus- und Weiterbildungskurse im Bereich Politik, Gewerkschaft, Pastoral, Kunst und Kultur sowie im Bereich von Freizeit und Sport ergänzt. Mit diesen Kursen erfasst das Kolpingwerk Brasilien mehr als 500 000 Menschen im Jahr. In 175 Kindertagesstätten und Betreuungsstellen werden täglich über 6 500 Kinder und Jugendliche betreut. 115 Frauengruppen und Mütterclubs mit 2 185 Mitgliedern geben den Frauen Hilfen in der Hauswirtschaft, Kindererziehung, Hygiene und Krankenpflege. In 38 Gruppen mit 1 041 Teilnehmern bemüht man sich speziell um ältere und alleinstehende Menschen. Etwa 285 000 Personen erhalten durch das Kolpingwerk Brasilien Lebens- und Sozialhilfe durch Lebensmittel, Kleidung, Medikamente, Rechtsbeistand usw. Nicht unerwähnt lassen möchte ich schließlich die 867 Hausbauprogramme, durch die viele Familien ein eigenes Heim erhalten oder wohnungsmäßig begünstigt werden.

Einweihung des Bildungszentrums „Porta Alberta Bacabal" mit Bischof Rettler

Bildungszentrum „Porta Alberta Bacabal" im Nord-Osten von Brasilien. Das erste Gebäude, das in dieser Gegend mit gebrannten Ziegelsteinen gebaut wurde.

Sozialpolitische Ausbildung

Um den arbeitenden Menschen zu befähigen, sich aktiv am Leben der Gesellschaft und Kirche, an Kultur und Politik, Sport- und Freizeitveranstaltungen, zu beteiligen, führte das Kolpingwerk Brasilien auf der Grundlage der katholischen Soziallehre im Jahr 1997 folgende Veranstaltungen durch: 112 Kurse und Seminare mit 4 723 Teilnehmern für Leitungskräfte im Kolpingbereich, 32 politische Schulungskurse mit 969 Teilnehmern für die Übernahme von politischer Verantwortung, 21 gewerkschaftsorientierte Treffen mit 667 Teilnehmern in 16 Arbeitsgruppen zur Befähigung von Kolpingmitgliedern für die Mitarbeit in Gewerkschaften, Betriebsräten etc., 172 pastoral-orientierte Kurse mit 1 204 Teilnehmern zur Übernahme von Aufgaben in Pfarrei und Kirche. Im Bereich von Kultur und Kunst wurden 242 Veranstaltungen mit 27 248 Teilnehmern durchgeführt. Und schließlich organisierte das Kolpingwerk Brasilien 1997 513 Sport- und Freizeitveranstaltungen mit 46 746 Teilnehmern.

Verleihung des Bundesverdienstkreuzes an Johannes Henning, Priester der Diözese Fulda, Gründer der „Landwirtschaftlichen Genossenschaft" im Staat Mato Grosso/Brasilien und deren Präsident bis zu seinem Tod im Jahre 2010

Mit diesen konkreten Zahlen des Rechenschaftsberichtes für das Jahr 1997 wollte ich einmal am Beispiel Brasilien aufzeigen, was das Kolpingwerk in einem einzigen Land leistet. Dafür wurde das Kolpingwerk Brasilien 1997 zusammen mit 50 Sozialvereinen unter den 14 000 im Land bestehenden Sozialbewegungen durch die „Stephan-Kanitz-Stiftung" mit dem Preis „Besonders effizient" ausgezeichnet.

Ähnliche Angaben wie über Brasilien könnte ich aber auch für andere Länder Lateinamerikas machen. Das würde aber den Rahmen dieses Buches sprengen. Darum will ich nur noch ein Beispiel aus dem Kolpingwerk Chile anführen.

Zusammenkunft von Vertretern mittelamerikanischer Länder bei der Werkwoche für Präsides und Führungskräfte im Jahr 2000 in Mexiko

Beschluss zur Gründung einer „Genossenschaft der Kaffee-Bauern" in der Region Chiapas/Mexiko und Beginn der „Aktion-Tatico-Kaffee" in Deutschland

Einweihung eines Kolping-Bildungszentrums in Arequipa/Peru

Techn. Hochschule des Kolpingwerkes in Santo Domingo/Ecuador: Bischof Stehle und Generalpräses Festing mit Lehrern und Studenten

Generalpräses Festing während einer Bildungsveranstaltung in Tuxla-Gutierrez/ Mexiko

Besuch in Argentinien ... nach dem Gottesdienstbesuch: Mate-Tee-Trinken

Bruder Florian Stöhr OFM, Gründer des Kolpinkwerkes Cile

Jugend-Wohnheim und Ausbildungswerkstätten für Caputschen-Indianer in Temucu/Chile; Initiator: Bruder F. Stöhr; Einweihung 1974 durch Generalpräses H. Festing

Handwerksförderung

In Chile hat das Kolpingwerk seit Bestehen verstärkte Anstrengungen zum Aufbau einer Handwerkerorganisation nach unserem deutschen Modell mit eigenen Selbstverwaltungsorganen und Sozialeinrichtungen für das gesamte Land unternommen. In einer Fragebogenaktion mit 50 Fragen von der Ausbildung bis zur sozialen Absicherung unter 3000 handwerklich arbeitenden Menschen von der nördlichsten Stadt Arica bis nach Feuerland im südlichsten Zipfel – rund 6000 km – begann die Handwerksförderung. 95 % der Fragebögen erhielten wir ausgefüllt zurück. Ein vom Kolpingwerk Chile organisierter Handwerkerkongress mit 300 aus der Fragebogenaktion ausgewählten Handwerkern vom 23. bis 28. März 1992, den ich persönlich mit einem feierlichen Gottesdienst am Sonntag, 22. März 1992, in Santiago eröffnet habe, war der erste große Erfolg der Bemühungen zum Aufbau der Handwerkerorganisation. Nach dem Handwerkerkongress ist der „Handwerksverband Chile" offiziell gegründet worden. Das Kolpingwerk stellte den Präsidenten, den Geschäftsführer und drei weitere Vorstandsmitglieder im Vorstand, der aus sieben Personen besteht.

Ähnlich wie in Brasilien und Chile arbeitet das Kolpingwerk in allen Ländern Lateinamerikas und Mittelamerikas. Grundlage für die Arbeit des Kolpingwerkes ist immer das Programm, das Adolph Kolping seiner Gemeinschaft gegeben hat. Es ist heute so gültig wie damals. Das Kolpingprogramm lässt sich in vier Kernsätzen zusammenfassen:

Sei ein überzeugter Christ, leiste Tüchtiges in deinem Beruf, halte Ehe und Familie heilig, sei ein überzeugter Staatsbürger.

Reise nach Nigeria im Jahr 1995 und Ernennung durch vier Stammesfürsten im Beisein des Bischofs Urjoji zum „Chief"

Afrika

Auf der Generalversammlung vom 3. bis 5. April 1977 in Luzern wurde der Beschluss gefasst, das Kolpingwerk auch in afrikanischen Ländern auszubreiten und durch das Internationale Kolpingwerk dort Entwicklungshilfe zu leisten. Die Erfahrungen, die in Lateinamerika gemacht wurden, sollten in den einzelnen afrikanischen Ländern – je nach Gegebenheit und Bedarf – positiv umgesetzt werden. Ausgangspunkt dafür sollte die Kolpingsfamilie Johannesburg sein, die in den Nachkriegsjahren von deutschsprachigen Auswanderern gegründet worden war.

Noch im Jahr 1977 wurde das Kolpingwerk in den ostafrikanischen Ländern Kenia, Uganda und Tansania gegründet. In schneller Folge entstanden dann Kolpingsfamilien in den westafrikanischen Ländern und in Zentralafrika. So gibt es heute das Kolpingwerk auch in Togo, Benin, Burundi, Nigeria, Ghana, Ruanda, Kongo und Sambia. Von besonderer Bedeutung für die Arbeit des Kolpingwerkes in Afrika waren die Gründung und der Aufbau des „Kontinentalverbandes Afrika" im Jahr 1988. Er garantiert die enge Zusammenarbeit des Kolpingwerkes zwischen den einzelnen Ländern und fördert die Bildungs- und Schulungsarbeit untereinander. Vor allen Dingen trägt er aber auch zur Inkulturation des Kolpingwerkes in den einzelnen Ländern und Kulturen bei. Dadurch hilft das Kolpingwerk in Afrika auch langfristig mit, Rassen- und Stammesfehden zu überwinden.

Besuch der Kolpingfamilie Johannesburg/Südafrika: Begrüßung durch eine Jugendgruppe

Präsides-Wochenende für den „Kontinentalverband Afrika" in Dar es Salam/Tansania: Begrüßung durch eine junge „Kolpingschwester"

Gespräch mit Bischof Okoth, Protektor des Kolpingwerkes Uganda, während einer Werkwoche für Führungskräfte in Kisumu/Uganda

Besuch in Indien: Das landesübliche Begrüßungszeremonial…

Asien

Indien

Sehr eigenartig verlief die Gründung des Kolpingwerkes im asiatischen Raum. In Worli, einem Stadtteil von Bombay, hatte ein Entwicklungshelfer aus Essen um 1960 eine Kolpingsfamilie gegründet, die aus Fischern bestand, und ein kleines Kolpinghaus gebaut. Nachdem sein Vertrag auslief und er heimkehrte, zerfiel die Kolpingsfamilie. Das Kolpinghaus fiel der Stadtsanierung zum Opfer.

… ein Blumengebinde oder eine wertvolle Perlenkette gehört immer dazu

Ohne Kenntnis von dieser Gründung in Worli lernte der Priester Josef Akkerakeran aus Iringalakuda/Kerala bei einem Deutschlandaufenthalt das Kolpingwerk kennen. Auf eigene Faust und ohne Absprache mit Verantwortlichen des Internationalen Kolpingwerkes gründete er in

Fischerei-Genossenschaft der Kolpingfamilie Bombay-Worli/Indien

Frauen einer „Kolping-Nähfabrik" in Iringalakuda-Kerala/Indien

Indien Kolpingsfamilien. Um „Wildwuchs" zu verhindern, sah ich mich gezwungen, vom 9. bis 21. März 1981 nach Indien zu reisen, um mit ihm und dem zuständigen Bischof alle notwendigen Formalitäten für eine Gründung des Kolpingwerkes in Indien zu klären. Mit mir reiste Diözesanpräses Rudolf Geiselberger aus Augsburg. Der Diözesanverband des

Kolpingwerkes Augsburg übernahm sofort die „Partnerschaft“ für Indien. Damit war ein geordneter Aufbau des Kolpingwerkes gesichert.
In Indien existieren zurzeit etwa 800 Kolpingsfamilien in den verschiedensten Landesteilen. Das Kolpingwerk Indien geht heute mit der Gründung von Sparvereinen innerhalb der Kolpingsfamilien sowie durch Genossenschaftswesen und Hausbauprojekte ganz neue Wege der Selbsthilfe zur existentiellen Absicherung der Menschen. Viele kleinere und größere Ausbildungsprojekte des Kolpingwerkes tragen dazu bei, jungen Menschen eine Ausbildung zu vermitteln und ihnen dadurch die Chance für einen Arbeitsplatz zu geben.

Sri Lanka
Einen anderen Weg beschreitet das Kolpingwerk in Sri Lanka. Auf dem Hintergrund der politischen Auseinandersetzungen im Umfeld eines anhaltenden Bürgerkrieges sucht das Kolpingwerk besonders den Dialog zwischen den Religionen zu fördern. So ist das Kolpinghaus in Deranyiagala zu einem Zentrum des Gespräches zwischen den Religionen geworden. Zurzeit existieren in Sri Lanka etwa 35 Kolpingsfamilien.

Philippinen
Gute Fortschritte macht der Aufbau von Kolpingsfamilien und Entwicklungsprojekten auf den Philippinen. Inzwischen gibt es dort über 50 Kolpingsfamilien. Schwerpunkte der Arbeit sind die berufliche Aus- und Weiterbildung zum Aufbau eines handwerklichen Mittelstandes und die Förderung der Landwirtschaft durch die Gründung von Genossenschaften.

Südkorea
Sehr hoffnungsvoll ist die Entwicklung des Kolpingwerkes in Südkorea. Im Jahr 1993 konnte bereits der Nationalverband Südkorea mit über zehn Kolpingsfamilien gegründet werden. Wenn gelegentlich die Meinung vorherrscht, dass sich das Kolpingwerk heute nur in den Ländern ausbreiten könne, in denen große soziale Probleme existieren, so zeigt das Beispiel Korea, dass das Kolpingwerk auch dort eine Chance und Aufgabe hat, wo es nicht ausschließlich um materielle Nöte geht, sondern wo auch die geistige Orientierung gesucht wird. Das ermutigt uns, unsere Anstrengungen auch in den industrialisierten Staaten zu verstärken, um gerade dort der zunehmenden Säkularisierung und Individualisierung der Menschen entgegenzuwirken.

Herzlicher Empfang bei der Kolpingsfamilie Seoul/Südkorea

Einkleidung in koreanische Gewänder Seoul/Südkorea

Vietnam
Auch in Vietnam haben sich inzwischen über 50 Kolpinggruppen gebildet, die unter dem strengen kommunistischen Regime aber nur im engsten Bereich der Kirche wirken können. Ihre Hauptaufgabe sehen sie daher in der geistig-religiösen Bildungsarbeit. Um auch im sozialen Bereich arbeiten zu können, bedürfen die einzelnen Kolpingsfamilien wie der Nationalverband unserer finanziellen Unterstützung.

Indonesien
Indonesien gehört zurzeit zu den Ländern Asiens, wo das Kolpingwerk eine schnelle Ausbreitung erfährt und sich hoffnungsvolle Perspektiven für die Zukunft abzeichnen. So existieren auf der Insel Sumatra bereits sechs Kolpingsfamilien mit Versammlungsräumen und zwei Kolpinghäusern als Mädchenwohnheime. Inzwischen gibt es in Indonesien über 20 Kolpingsfamilien.
Auch auf der Insel Flores konnten mittlerweile Kolpingsfamilien gegründet werden. Da der überwiegende Teil der Bevölkerung auf Flores katholisch ist, ergibt sich hier die größte Möglichkeit für die weitere Ausbreitung des Kolpingwerkes.
Ungewiss bleibt zurzeit das Schicksal des Kolpingwerkes in Ost-Timor aufgrund der dortigen politischen Verhältnisse.

Bis auf die beiden letztgenannten Länder Vietnam und Indonesien habe ich alle Länder zur Gründung der Kolpingsfamilien oder der Nationalverbände sowie zur Einrichtung und Förderung der Entwicklungsprojekte bereist. Meine Hauptaufgabe bei allen Reisen bestand aber darin, in den einzelnen Ländern Schulungskurse und Werkwochen für Führungskräfte und Präsides durchzuführen, um sie mit der Person und dem Programm Adolph Kolpings vertraut zu machen. Denn hier gilt das Kolpingwort: „Man kann nur das lieben, was man auch kennt!“

Kolpingsfamilien und Selbsthilfegruppen
Der Aufbau des Kolpingwerkes und die Einrichtung von Entwicklungsprojekten wären nicht möglich gewesen und auch in Zukunft nicht möglich, wenn wir nicht zuerst Kolpingsfamilien als Selbsthilfegruppen in der sogenannten Dritten Welt aufgebaut hätten, die als unsere Partner und Projektträger an der Armutsbekämpfung verantwortlich mitarbeiten. Die Kolpingsfamilien als Selbsthilfegruppen leisten eine umfangreiche Selbst-

hilfe in den unterschiedlichsten Bereichen. Sie organisieren Alphabetisierungskurse, schaffen Versammlungsräume, führen soziale und berufliche Schulungsmaßnahmen durch, gründen Genossenschaften im Landwirtschaftsbereich, starten Siedlungsprojekte usw. Diese Selbsthilfeaktivitäten sind so vielfältig wie die sozialen Probleme der Menschen in den Armutsgebieten dieser Erde. Die Kolpingsfamilien als Selbsthilfegruppen sind der beste Garant für die Armutsbekämpfung.

Kolpingwerk als Selbsthilfeverband

Unser Bemühen hat von Anfang an darin bestanden, nicht nur einzelne Selbsthilfegruppen – sprich Kolpingsfamilien – aufzubauen, sondern diese auch sobald wie möglich zu einem Selbsthilfeverband als Nationalverband zusammenzuschließen. Ein solcher Verband von Selbsthilfegruppen wie z. B. das Brasilianische Kolpingwerk kann nicht nur die Arbeit einzelner Gruppen koordinieren und überörtliche Bildungsstätten, Genossenschaften etc. schaffen, Erfahrungsaustausch und Bildungskurse durchführen und sicherstellen, sondern auch die Zusammenarbeit mit staatlichen Stellen in den jeweiligen Ländern ermöglichen. Dieser Selbsthilfeverband – sprich Nationalverband des Kolpingwerkes – ist ein Sprachrohr der Armen, ein Interessenvertreter der am Rande der Gesellschaft stehenden Gruppen. Er ist zugleich auch der Ansprechpartner für Kirche und Staat in dem jeweiligen Land.

Schlussbemerkung

Die Übersicht über den Stand und die Entwicklung des Internationalen Kolpingwerkes in der Dritten Welt macht deutlich, dass das Programm, das Adolph Kolping seiner Gemeinschaft gegeben hat, nicht an eine bestimmte Zeit, nicht an eine bestimmte Gruppe von Menschen, nicht an ein bestimmtes Land und auch nicht an eine bestimmte Kultur gebunden ist, sondern dass es immer und überall gültig ist, weil es den ganzen Menschen in allen Bereichen des Lebens erfasst. Das ist letztlich auch der Grund dafür, dass sich das Kolpingwerk heute sehr segensreich in der ganzen Welt ausbreitet. Dazu hat im verstärkten Maße auch die Seligsprechung Adolph Kolpings beigetragen.

Mit dem Aufbau und Ausbau des Internationalen Kolpingwerkes und der damit verbundenen Entwicklungshilfe verfolgen wir einen integralen Ansatz, wie er der Enzyklika „Sollicitudo Rei Socialis“ – „Die soziale Frage“ – von Papst Johannes Paul II. zugrunde liegt. Das heißt, unsere Arbeit und unsere Programme dienen nicht nur dazu, die materiellen Grundbedürfnisse der Menschen zu befriedigen, sondern wir sehen den Menschen in seiner Gesamtheit und setzen daher eine Entwicklung in Gang, die die soziale und politische Unterdrückung der Benachteiligten beendet, Diskriminierung jeder Art abbaut und die Beachtung der Menschenrechte garantiert. Damit wollen wir der Armut entgegenwirken und mithelfen, die *Eine Welt* aufzubauen, in der alle Menschen in Frieden, Freiheit und Gerechtigkeit leben können.

Das Kolpingwerk unter dem kommunistischen Regime in der ehemaligen DDR

Bis zum Zweiten Weltkrieg blieb das Kolpingwerk bis auf wenige Ausnahmen auf die deutschsprachigen Länder oder auf deutschsprachige Gruppen außerhalb Europas beschränkt. Wiederholt wurde schon erwähnt, dass es vor dem Krieg Kolpingsfamilien in Polen und Danzig, in der Tschechoslowakei, in Ungarn, Rumänien und Kroatien gab. Durch die kommunistische Machtergreifung in diesen Ländern wurde das Kolpingwerk verboten und sein Vermögen beschlagnahmt. Die Kolpinghäuser wurden enteignet und zum Teil in kommunistische Jugendzentren umgewandelt. Versuche, das Kolpingwerk in Ungarn wiederaufleben zu lassen, schlugen 1956 fehl.

Das Kolpingwerk in der ehemaligen DDR

Während fast alle katholischen Verbände und Gemeinschaften in der DDR nach 1945 durch das kommunistische Regime verboten und aufgelöst wurden, konnte das Kolpingwerk in den einzelnen Kolpingsfamilien und auf Diözesanebene weiterarbeiten. Eine konkrete Begründung dafür hat es nie gegeben. Der einzige Grund war bis zur „Wende“ darin zu sehen, dass Herr Franz Jentsch aus Dresden unmittelbar nach Kriegsende den russischen Kommandanten um die Erlaubnis der Kolpingarbeit bat und dieser sie ihm erteilte. Als Begründung seiner Bitte um die Genehmigung der Weiterarbeit des Kolpingwerkes führte Herr Jentsch ins Feld, dass das Kolpingwerk durch die Machthaber des Dritten Reiches sehr unterdrückt und verfolgt worden sei und viele Märtyrer aus dem Kolpingwerk hervorgegangen seien. Diese und vielleicht noch andere Begründungen müssen nach Aussagen von Herrn Jentsch den russischen Kommandanten so überzeugt haben, dass er die Arbeit des Kolpingwerkes anerkannte und nicht untersagte. Die mündliche Zustimmung – eine schriftliche habe ich trotz engster Beziehungen zu allen Verantwortlichen des Kolpingwerkes in den einzelnen Diözesen nie zu sehen bekommen – hat kein Generalsekretär der SED oder Leiter der FDJ, in deren Bereich die Verantwortung für Jugendarbeit etc. lag, in der Folgezeit zurückgenommen.

Aufgrund der Einsichten in die Stasi-Unterlagen kommen wir aber nun noch zu einer anderen – und vielleicht auch konkreteren – Begründung für das Weiterbestehen der Kolpingsfamilien und ihrer Arbeit in der ehemaligen DDR. Das Kolpingwerk und seine Mitglieder waren ganz offensichtlich dazu ausersehen, Spionagedienste zu übernehmen und bei der „Zersetzung" – dieser Begriff ist das Schlüsselwort in den umfangreichen Stasi-Unterlagen – des Internationalen Kolpingwerkes, der Kirche und ihrer Einrichtungen sowie der politischen Parteien und Regierungen Westdeutschlands mitzuwirken. Dafür sah man im Kolpingwerk als katholischem Sozialverband, der im kirchlichen, gesellschaftlichen und politischen Bereich aktiv ist, ein geeignetes Werkzeug. Leider hat der Staatssicherheitsdienst dafür einige Handlanger aus den Reihen des Kolpingwerkes gefunden. Unter welchen Umständen und unter welchem Druck sie Mitarbeiter des Staatssicherheitsdienstes wurden, kann nur von Fall zu Fall geklärt werden. Daher sollte man mit der Verurteilung einzelner Informanten sehr vorsichtig sein, solange nicht alle Motive für die Mitarbeit im Staatssicherheitsdienst untersucht und ein schuldhaftes Versagen erwiesen wurde.

Allerdings darf die Mitarbeit im Staatssicherheitsdienst auch nicht verharmlost oder einfach zu den Akten gelegt werden. Denn das wäre eine Beleidigung derjenigen, die durch den Staatssicherheitsdienst Schaden erlitten haben, und ein Unrecht denen gegenüber, die aufgrund der Informationen verfolgt und benachteiligt wurden. Dafür waren dem Staatssicherheitsdienst alle Mittel und Methoden recht. Das geht aus den umfangreichen Unterlagen der Stasi über die Arbeit des Kolpingwerkes und ganz speziell über meine Arbeit hervor.

Insgesamt gab es in den einzelnen Diözesen und Jurisdiktionsbezirken im Ostteil unseres Vaterlandes etwa 160 Kolpingsfamilien. Ihre Arbeit musste sich auf den rein religiös-kirchlichen Bereich und auf das sogenannte „Handwerkerdiakonat" beschränken. Unter dem Letzten ist die Unterhaltung und Renovierung der kirchlichen Einrichtungen, wie Kirche, Pfarrhaus, Pfarrheim, Kindergarten, Altenheim etc., durch die Mitglieder des

BStU
000207

Verwaltung für Staatssicherheit
Groß - Berlin
Abteilung XX/4

Berlin, den 4.2. 1974

206

KOPIE BStU

Regionaltagung der Deutschen Kolpingfamilie der DDR

Die für den 25. und 26.1. 1974 von der Kolpingfamilie geplante Regionaltagung mit den leitenden Geistlichen und Laien aus allen Diözesen der DDR sollte in Anwesenheit des Generalpräses Heinrich F e s t i n g und des Zentral -Altseniors Wilhelm H e n d k e r (beide Köln) erfolgen.

Die Vorbereitung dafür lag in den Händen von Diözesanpräses Johannes Z o d a und Diözesan-Altsenior S c h i n e t z e k (beide Diözese Berlin), die für die Koordinierung der Kolpingsarbeit in der DDR benannt wurden und andererseits die Verbindung zum Generalat des Kolpingwerkes Köln unterhalten.

Bereits am 24.1. kamen F e s t i n g, H e n d k e r und der Diözesanpräses von Münster, Bernhard H o l l ä n d e r zum Vorstand in die Haupstadt, um sich zu vergewissern, ob der reibungslose Ablauf der Tagung auch gesichert sei. In Auswirkung der oper. Zersetzung fürchteten sie innere Konflikte bzw. staatliche oder politische Störungen von Seiten der DDR - Organe. Sie kündigten an, daß eine Reihe Diözesan - Präsiden aus der BRD teilweise an der Tagung teilnehmen wollten, da man die Worte von F e s t i n g angezweifelt habe, wonach es in der DDR eine gut organisierte kirchliche Kolpingsarbeit gäbe.

Die Tagung erfolgte im Bischöflichen Bildungsheim 1058 Berlin, Pappelallee 61.
Am 25.1. 74 kamen in der Zeit von 10.oo bis 15.oo nur die Geistlichen zusammen. H e n d k e r nahm daran teil. Die Westdeutschen hatten vorher im Intershop Geschenke und Benzinmarken für die DDR - Teilnehmer eingekauft.
Es waren 55 Personen anwesend:

Diözesanpräses U t e (Erfurt)
" B e h r e n d (Magdeburg) mit 10 Präsiden
" B i r k n e r (Görlitz)
" B r ü n n l e r (Leipzig)
" S c h u b e r t (Rostock)
" T e i p e l (Halle)
" K l a n t e (Meißen) mit 11 Präsiden
" Z o d a (Berlin) mit 15 Präsiden (alle namentlich bekannt)

Diözesanpräses Pater L a c h m u n d (Westberlin)

Aus der Stasi-Akte über Heinrich Festing: Der Bericht über die Regionaltagung der Deutschen Kolpingsfamilie der DDR 1974 zeigt, wie stark „Kolping" und auch die Aktivitäten Heinrich Festings von der Staatssicherheit überwacht wurden

Kolpingwerkes zu verstehen. In unzähligen Stunden haben Männer und Frauen durch diesen ehrenamtlichen Dienst der Kirche einen großen und unersetzlichen Dienst geleistet.
Durch die intensive religiöse Bildungsarbeit und durch die aktive Mitgestaltung des religiösen Lebens in den einzelnen Pfarreien sowie durch das sogenannte „Handwerkerdiakonat“ haben die Mitglieder des Kolpingwerkes aber nicht nur der Pfarrei und der Kirche insgesamt gedient, sondern sie sind dadurch auch zu einer echten familienhaften Gemeinschaft in der Kolpingsfamilie zusammengewachsen. Das hat vielen Menschen geholfen, ihr Christ-Sein in der Öffentlichkeit und in den Betrieben durchzustehen. Die Kolpingsfamilie war für viele Christen dafür Halt und Stütze.
Bis zum Bau der Mauer in Berlin und der Festigung der Zonengrenze war eine Verbindung zwischen den Kolpingsfamilien in Ost und West möglich. Nach dem Mauerbau waren nur noch Besuche von westdeutschen Mitgliedern in den einzelnen Kolpingsfamilien Ostdeutschlands möglich. Das führte vielfach zu Partnerschaften zwischen einzelnen Kolpingsfamilien. Meine Aufgabe als Diözesanpräses des Kolpingwerkes von Paderborn habe ich daher besonders darin gesehen, solche Partnerschaften zwischen Kolpingsfamilien aus dem Diözesanverband Paderborn und dem Kommissariat Magdeburg aufzubauen. Als Zentralpräses des Deutschen Kolpingwerkes und Generalpräses des Internationalen Kolpingwerkes habe ich systematisch über die Diözesanpräsides und Diözesanvorsitzenden aus beiden Teilen Deutschlands Partnerschaften aufgebaut. Dadurch war eine enge Verbundenheit zwischen Ost und West gegeben. Zudem erfolgte über diese Partnerschaft auch eine materielle und finanzielle Hilfe für die Arbeit der Kolpingsfamilien und Diözesanverbände in Ostdeutschland. Von der Partnerschaft profitierten aber auch die Kolpingsfamilien im Westen. Denn durch die Festigkeit im Glauben und durch die Liebe zur Kirche haben die ostdeutschen Kolpingschwestern und Kolpingbrüder ihren westdeutschen Schwestern und Brüdern ein großartiges Beispiel gegeben. Durch diese Partnerschaft konnten später viele Rentner – nicht nur Kolpingmitglieder – an Rentner-Freizeiten in den Familienferienheimen des Kolpingwerkes teilnehmen. Das war einerseits ein ganz großer Dank an die älteren Menschen und zugleich auch eine gute Möglichkeit für Kontakte auf westdeutschem Boden. Dadurch wurde besonders auch die Verbundenheit im gesamtdeutschen Kolpingwerk erhalten und gefördert. Denn diese Verbundenheit suchte das DDR-Regime mit allen Mitteln zu verhindern.

Vielleicht ist es Bischof Hugo Aufderbeck von Erfurt besonders zu verdanken, dass das Kolpingwerk durch das DDR-Regime auf Betreiben der FDJ-Verantwortlichen in der Mitte der Siebzigerjahre nicht verboten wurde. Von ihm bekam ich damals ganz konkrete geheime Hinweise auf ein beabsichtigtes Verbot des Kolpingwerkes. In seinem Arbeitszimmer haben wir daher nach Wegen und Möglichkeiten gesucht, das zu verhindern. Die Lösung des Problems fanden wir in der Erstellung eines „Statutes für die Kolpingsfamilien in der DDR". In diesem kurzen und präzisen Statut wurde festgeschrieben, dass die einzelnen Kolpingsfamilien direkt ihrem Bischof unterstellt wurden und somit nicht mehr offiziell dem Deutschen und Internationalen Kolpingwerk angehörten. Das wurde auch in der Bezeichnung zum Ausdruck gebracht: „Kolpingsfamilie N.N. – Bischöfliches Hilfswerk für die Seelsorge".
Zur Leitung heißt es: „Die Leitung der kirchlichen Kolpingarbeit im Gebiet der Diözese oder des jeweiligen Jurisdiktionsbezirkes obliegt einem vom Bischof berufenen Priester – Diözesanpräses genannt –, der seine Aufgabe im Einvernehmen mit dem Pastoralen Amt beim Ordinariat als Teil der Erwachsenenseelsorge wahrnimmt. Ihm zur Seite steht der ‚Diözesansenior', der von den Senioren der einzelnen Kolpingsfamilien oder vom Diözesanfamilienrat gewählt wird".
Dieses Statut wurde nicht veröffentlicht. Es war nur mir und den einzelnen Bischöfen bekannt. Denn es sollte lediglich den Bischöfen im Bedarfsfall dienen, das Verbot des Kolpingwerkes zu verhindern. Mit welcher Sorgfalt ich es mit den einzelnen Bischöfen beraten und abstimmen musste, mögen die beiden folgenden Beispiele zeigen. Als ich damit nach Berlin zu Kardinal Bengsch in sein Arbeitszimmer kam, bat er mich sofort, nicht darüber zu sprechen. Auf meine Frage nach dem Warum antwortete er: „Weiß ich denn, wie viele Wanzen hier zum Abhören eingebaut sind!" Anmerkung: Das bischöfliche Palais war erst kurz zuvor fertiggestellt bzw. renoviert worden. So hat er sich dann selbst ans Steuer seines Wagens gesetzt, um mit mir während einer Autofahrt außerhalb Berlins über die Angelegenheit zu sprechen. Beim Besuch bei Bischof Schaffran in Dresden war es ähnlich. Bei der persönlichen Begrüßung an der Haustüre sagte er mir: „Sie hören doch gerne Musik. Wollen Sie klassische oder moderne Musik hören?" Nachdem im Arbeitszimmer die Kassette eingelegt war, haben wir uns über das Statut und die Arbeit des Kolpingwerkes unterhalten. Diese Beispiele zeigen, unter welchen Umständen selbst im Bischofshaus gearbeitet werden musste.

Dennoch blieben solche Gespräche dem Staatssicherheitsdienst nicht verborgen, weil engste und vertrauteste Mitarbeiter des Kolpingwerkes – aus welchem Grund auch immer – als Mitarbeiter des Staatssicherheitsdienstes diese und andere wichtige Informationen weitergegeben haben. Das belegen die Stasi-Akten, in denen alles sorgfältig festgehalten wurde. Es war für mich schon erschütternd, nach der „Wende“ erfahren zu müssen, dass über die Arbeit des Kolpingwerkes und speziell auch über meine Tätigkeit einige Tausend Aktenbögen vorliegen, obgleich vieles noch vor der „Wende“ vernichtet oder beiseite geschafft werden konnte. Nach Einsicht in die „Stasi-Unterlagen“ musste ich feststellen, dass mindestens zwölf „IM“ – „Informelle Mitarbeiter des Staatssicherheitsdienstes“ – mich bespitzelt und über meine Tätigkeit in der ehemaligen DDR berichtet haben.

Dank und Anerkennung muss den Mitgliedern und Kolpingsfamilien in den neuen Bundesländern dafür gezollt werden, dass sie unter schwierigsten Verhältnissen das kirchliche Leben in der ehemaligen DDR wesentlich mitgestaltet und mitgetragen haben. Sie haben dadurch in nicht geringem Maße auch ihren Beitrag zur „Wende“ geleistet. Ich kann meinen Bericht darüber nicht abschließen, ohne auch unser Kolpingmitglied Wilhelm Hendker aus Dortmund und andere Mitarbeiter aus dem Westen zu nennen, die sich durch ihren unermüdlichen Einsatz und durch ihre große Opferbereitschaft die größten Verdienste um das Kolpingwerk unter dem DDR-Regime erworben haben.

Nach der „Wende“ im Jahre 1989 konnten die 160 Kolpingsfamilien in den neuen Bundesländern dem Deutschen Zentralverband wieder eingegliedert werden, was ihnen unter dem kommunistischen Regime verwehrt war. Anerkennend und dankend muss hier erwähnt werden, dass die Mitglieder dieser 160 Kolpingsfamilien das kirchliche Leben in der ehemaligen DDR wesentlich mitgestaltet und mitgetragen haben. In nicht geringem Maße haben sie auch ihren Beitrag zur Wende geleistet. Nach der Wende haben viele Kolpingschwestern und Kolpingbrüder gesellschaftliche und politische Aufgaben in Selbstverwaltungsorganen und Parlamenten für den Neuaufbau unseres Vaterlandes in den neuen Bundesländern übernommen. Mit ihnen haben wir uns in den letzten Jahren im wiedervereinten Deutschen Kolpingwerk in allen neuen Bundesländern bemüht, Bildungseinrichtungen und Berufsbildungswerke zu schaffen, um jungen Menschen, besonders den benachteiligten Jugendlichen, eine qualifizierte berufliche Aus- und Weiterbildung zu geben. Darüber hinaus gilt unsere

Hilfe aber auch besonders den Familien in den neuen Bundesländern. So haben wir nach der Wende die Familienferien-Bungalow-Anlage in Schirgiswalde in der Oberlausitz neu aufgebaut und in Salem am Müritz-See in Mecklenburg eine neue Familienferienstätte errichtet.

Der Beitrag des Kolpingwerkes zur Gründung der Gewerkschaft „Solidarnosc" in Polen

Papst Johannes Paul II. hatte eine enge Beziehung zu dem bedeutenden „Sozialreformer" Adolph Kolping. Daher war es nicht verwunderlich, dass er – noch als Kardinal von Krakau – Kardinal Höffner, den Protektor des Kolpingwerkes, um Rat und Hilfe bat, eine Organisation wie das Kolpingwerk – natürlich unter einem anderen Namen – auf dem Fundament der katholischen Soziallehre in Polen aufzubauen. Damit wollte er weit vorausschauend den Boden für die später durch Lech Walesa gegründete Gewerkschaft „Solidarnosc" vorbereiten.

Auf Bitten des damaligen Kardinals Woytila von Krakau und durch Vermittlung von Kardinal Höffner hat Heinrich Festing mit ihm in Krakau „geheime" Gespräche über den Aufbau des Kolpingwerkes in Polen geführt. Mit dem Kolpingwerk – unter einem anderen Namen – sollte der Boden für die spätere Gewerkschaft „Solidarnosc" vorbereitet werden. Nach seiner Wahl zum Papst wurden diese Gespräche zunächst noch weitergeführt.

Auf Bitten von Kardinal Höffner habe ich in diesem Sinne „geheime Gespräche" mit Kardinal Woytila geführt, die nach seiner Wahl zum Papst mit seinem Nachfolger Kardinal Macharsky in Krakau, Fulda, Köln und Rom weitergeführt wurden. Natürlich mussten alle Gespräche unter strengster Geheimhaltung geführt werden, bis zu meiner Reise im März 1990 nach Danzig, wo ich trotz des Kriegsrechtes in Polen offen auftreten durfte.

Auf Bitten von Kardinal Hengsbach, Essen, Kontaktbischof zwi-

Die mit Kardinal Woytila/Papst Johannes Paul II. begonnenen Gespräche wurden mit seinem Nachfolfer, Kardinal Macharski, in Krakau vor und nach der Gründung der Gewerkschaft „Solidarnosc“ weitergeführt.

schen den deutschen und polnischen Bischofskonferenzen, reiste ich vom 13. bis 16. März 1990 nach Danzig, um beim Aufbau des Kolpingwerkes mitzuwirken. Das sollte zugleich auch der Stabilisierung der Gewerkschaft „Solidarnosc“ dienen. Mein Begleiter und Dolmetscher war Msgr. Dr. Likierski, Subregens im Priesterseminar Essen.

Meine Gesprächspartner in Polen waren die „Pioniere“ der Gewerkschaft „Solidarnosc“: Prälat Dr. Andrzej Czerwinski, Danzig; Bischof Marian Przykucki, Pelplin; Lech Walesa, Gründer der Gewerkschaft „Solidarnosc“, Danzig; Kanonikus Hendryk Jankowski, Berater von Lech Walesa, Danzig; Bischof Tadeusz Grotowski, Danzig-Oliwa und Herr Szablewski, Stellvertreter von Herrn Lech Walesa.

Höhepunkte dieser Reise waren mein Referat: „Adolph Kolping und sein Werk“ vor über 600 Priestern in Pelplin und mein Vortrag und Gespräch zum Thema: „Das Kolpingwerk – ein katholischer Sozialverband“ vor den Vorstandsmitgliedern (etwa 20 Personen) der Gewerkschaft „Solidarnosc“ auf der Danziger Werft.

Was damals in Polen unter der „geistigen Führung“ von Papst Johannes Paul II. geschah, führte schließlich zum Zusammenbruch des Kommunismus und zu der „politischen Wende“ im Jahre 1989 in Europa. Die Menschen in Europa haben Papst Johannes Paul II. daher unendlich viel zu verdanken.

Der Wiederaufbau und Neuaufbau des Kolpingwerkes in Osteuropa nach der „Wende“

Festings Einsatz für die Wiedergründung bzw. den Neuaufbau des Kolpingswerkes in Ungarn wurde am 22. November 2000 mit dem „Orden pro Cultura Hungaria“ belohnt

Nach der „Wende“ im Jahre 1989 wurde sofort mit dem „Wiederaufbau“ und „Neuaufbau“ des Kolpingwerkes in Osteuropa begonnen. In Polen, Tschechien, Ungarn, Rumänien, Slowenien und Kroatien konnten wir zum Teil an Traditionen aus der Zeit vor dem Zweiten Weltkrieg anknüpfen. Aber das war nicht immer erfolgreich, weil noch lebende ältere Mitglieder vielfach in den alten Vorstellungen verharrten und neuen Anforderungen im Wege standen. Ganz neu beginnen mussten wir mit dem Aufbau des Kolpingwerkes in Litauen. Über

Mit dem gleichen Orden wurde Kolpingbruder Georg Lang aus Ungarn geehrt, der während der kommunistischen Diktatur das Gedankengut Adolph Kolpings wachgehalten hatte

Einweihung des Kolping-Bildungszentrums in Spisske Podhradie/Slowakei

die „Berufsaus- und Berufsweiterbildungs-Kurse“ konnten wir in kurzer Zeit viele Kolpingsfamilien gründen und einen Nationalverband aufbauen. Schwieriger war der Aufbau in der Slowakei. Als das Kolpingwerk aber das Projekt: „Integration der Roma in die Gesellschaft“ startete und mit großem Erfolg durchführte, kam es zu Neugründungen von Kolpingsfamilien und zum Verbandsaufbau des Kolpingwerkes. Das „Roma-Projekt“ wurde von der Europäischen Union als „Modellprojekt“ gefördert. Beim Neuaufbau des Kolpingwerkes in den Ländern Moldawien, Ukraine, Kosovo und Albanien sowie in dem Teil, der vom „Großreich Jugoslawien“ verblieben war, ging es zuerst um die „Armutsbekämpfung“ durch Hilfsmaßnahmen aus Deutschland, Österreich und der Schweiz. Große Verdienste bei der Gründung von Kolpingsfamilien und beim Verbandsaufbau in diesen Ländern hat sich Diözesanpräses Alfred Weiss aus Wien mit dem österreichischen Kolpingwerk erworben. Wenn das Kolpingwerk durch florierende Projekte dort weiter wächst, ist das sein besonderes Verdienst.

Abschlussabend eines Seminars für Führungskräfte des Kolpingwerkes vom 21.-24. 6. 1999 in Temesvar/Rumänien

Besuch einer Kolpingsfamilie in der Moldau/Rumänien

Kolpingwerk und Kolpingsfamilien weltweit

Adolph Kolping wollte von Anfang an ein internationales Werk gründen. Darum hat er selbst in dem deutschsprachigen Raum Europas Gesellenvereine gegründet. Bei seinem Tod am 4. Dezember 1865 gab es 418 Gesellenvereine mit 24 500 fest eingeschriebenen Mitgliedern.
Wenn das Kolpingwerk auch von seiner Gründung an ein internationaler Verband war, so blieb es doch bis zum Ende des Zweiten Weltkrieges wesentlich europäisch geprägt. Das hat sich auf Grund der Entscheidung der XXIII. Generalversammlung des Internationalen Kolpingwerkes vom 11. bis 16. Juni 1968 in Salzburg rasant verändert. Das zeigt die folgende Darstellung:

Zahl der Kolpingsfamilien in den einzelnen Kontinenten:

Westeuropa	2 975	Kolpingsfamilien
Osteuropa	403	Kolpingsfamilien
Nordamerika	17	Kolpingsfamilien
Südamerika	749	Kolpingsfamilien
Mittelamerika	164	Kolpingsfamilien
Afrika	455	Kolpingsfamilien
Asien	965	Kolpingsfamilien
Gesamt	**5 728**	**Kolpingsfamilien**

Zahl der Kolpingsfamilien in den einzelnen Ländern:

Westeuropa		
Deutschland	2 758	Kolpingsfamilien
Schweiz	88	Kolpingsfamilien
Österreich	63	Kolpingsfamilien
Portugal	43	Kolpingsfamilien
Südtirol	14	Kolpingsfamilien
Niederlande	5	Kolpingsfamilien
Luxemburg	2	Kolpingsfamilien
Belgien	1	Kolpingsfamilie
Spanien	1	Kolpingsfamilie

Osteuropa

Ungarn	98	Kolpingsfamilien
Rumänien	82	Kolpingsfamilien
Polen	31	Kolpingsfamilien
Litauen	31	Kolpingsfamilien
Slowakei	29	Kolpingsfamilien
Kroatien	28	Kolpingsfamilien
Tschechien	28	Kolpingsfamilien
Slowenien	26	Kolpingsfamilien
Jugoslawien	14	Kolpingsfamilien
Kosovo	13	Kolpingsfamilien
Ukraine	12	Kolpingsfamilien
Albanien	8	Kolpingsfamilien
Moldawien	3	Kolpingsfamilien

Nordamerika

USA	12	Kolpingsfamilien
Kanada	5	Kolpingsfamilien

Südamerika

Brasilien	335	Kolpingsfamilien
Chile	111	Kolpingsfamilien
Bolivien	103	Kolpingsfamilien
Ecuador	62	Kolpingsfamilien
Paraguay	54	Kolpingsfamilien
Kolumbien	32	Kolpingsfamilien
Uruguay	18	Kolpingsfamilien
Peru	17	Kolpingsfamilien
Argentinien	15	Kolpingsfamilien
Venezuela	2	Kolpingsfamilien

Mittelamerika

Mexiko	142	Kolpingsfamilien
Nicaragua	13	Kolpingsfamilien
Dom. Republik	9	Kolpingsfamilien

Afrika

Kenia	134	Kolpingsfamilien
Uganda	124	Kolpingsfamilien
Tansania	85	Kolpingsfamilien
Nigeria	50	Kolpingsfamilien
Südafrika	27	Kolpingsfamilien
Togo	14	Kolpingsfamilien
Benin	12	Kolpingsfamilien
Sambia	3	Kolpingsfamilien
Burundi	2	Kolpingsfamilien
Ghana	2	Kolpingsfamilien
Ruanda	1	Kolpingsfamilie
Kongo	1	Kolpingsfamilie

Asien

Indien	803	Kolpingsfamilien
Vietnam	51	Kolpingsfamilien
Philippinen	51	Kolpingsfamilien
Sri Lanka	35	Kolpingsfamilien
Indonesien	13	Kolpingsfamilien
Südkorea	10	Kolpingsfamilien
Ost-Timor	2	Kolpingsfamilien

Ich bin Gott sehr dankbar, dass ich zu dieser Entwicklung wesentlich beitragen durfte. Denn als ich mein Amt als Generalpräses des Internationalen Kolpingwerkes 1972 antrat, war das Kolpingwerk in 14 Ländern Zentraleuropas mit einigen deutschsprachigen Gruppen in Übersee vertreten. Als ich nach mehr als 30 Jahren das Amt meinem Nachfolger übergab, existierte es in den oben angeführten Ländern. Durch seine Arbeit in diesen Ländern hat sich das Kolpingwerk den Herausforderungen der Globalisierung und ihren Folgen für die Menschen – besonders in den unterentwickelten Ländern – gestellt und dadurch einen wesentlichen Beitrag zu mehr Gerechtigkeit und Frieden in der Welt beigetragen gemäß dem Wort von Papst Paul VI. in der Enzyklika „Populorum progressio“: „Entwicklung ist der neue Name für Frieden.“

„Heilig-Land-Wallfahrt" – Gespräch mit Erzbischof Kamal in Jerusalem

Pilger-Empfang durch den Lateinischen Patriarchen Sabbah in Jerusalem

„Fatima-Wallfahrten" wurden verbunden mit Begegnungen des Kolpingwerkes Portugal

Jubiläums-Wallfahrt 24.-27. 10. 2001 nach Rom: „10 Jahre Seligsprechung Adolph Kolpings". Dank an Papst Johanes Paul II.

Die Seligsprechung Adolph Kolpings

Der absolute Höhepunkt meiner über 30-jährigen Amtszeit als Generalpräses des Internationalen Kolpingwerkes war die Seligsprechung Adolph Kolpings am 27. Oktober 1991 durch Papst Johannes Paul II. auf dem Petersplatz in Rom. Damit ging ein lang gehegter Wunsch von mir in Erfüllung. Darum habe ich sofort zu Beginn meiner Amtszeit Kardinal Höffner, Protektor des Kolpingwerkes, gebeten, den Seligsprechungsprozess für Adolph Kolping, der ins Stocken geraten war, neu zu eröffnen. Damit fand ich bei ihm sofort Gehör. Schon eine Woche später hat er die Angelegenheit in Rom geklärt.

Geschichte des Seligsprechungsprozesses
Schon zu Lebzeiten ging von Adolph Kolping eine Spiritualität aus, die bis heute wirkt. So war es nicht verwunderlich, dass der Gedanke aufkam, für ihn den Seligsprechungsprozess einzuleiten. Den ersten offiziellen Anstoß dazu gab am 8. August 1906 sein langjähriger Vertrauter und Freund, der Erzbischof von Wien wurde, Anton Josef Kardinal Gruscha. Als Zentralpräses des österreichischen Kolpingwerkes war er ein guter Kenner der Person und des Werkes von Adolph Kolping. Sein Brief an den Erzbischof von Köln, Anton Hubert Kardinal Fischer, mit dem im August 1906 der Prozess der Seligsprechung eingeleitet werden sollte, hat folgenden Wortlaut:
„Eure Eminenz! Eine Angelegenheit, die unseren seligen Adolph Kolping, den auch Eure Eminenz noch persönlich kannte, betrifft, ist bereits seit längerer Zeit einer meiner innigsten Herzenswünsche geworden. Es handelt sich um die mögliche Einleitung des Beatifikationsprozesses für den in Gott ruhenden, um das christliche Handwerk sowie um die ganze menschliche Gesellschaft hochverdienten Stifter des Katholischen Gesellenvereins. Ich darf wohl Eurer Eminenz die Verdienste unseres Mitbruders nicht erst des längeren auseinandersetzen; sie sind Eurer Eminenz als Zeitgenosse Kolpings bekannt. Die von unserem inzwischen auch dahingeschiedenen Mitbruder, dem Generalpräses Sebastian Schäffer, verfasste Biographie Kolpings hat nicht bloß ein treues, tief ergreifendes Lebensbild dieses apostolischen Priesters entworfen, sondern bildet meines Erachtens auch eine Grundlage, auf der ein kanonischer Prozess aufgebaut werden könnte. So einfach wahr und klar, wie diese Lebensgeschichte darlegt, ist die Berufung Kolpings nicht bloß

Übergabe der „Positio causae" = Prozessakte, die von Dr. Kracht und Heinrich Festing erstellt wurde, an Kardinal Höffner zur Weiterleitung nach Rom

zum Priestertum, sondern zum apostolischen Liebeswerke für einen ganzen, der geistigen und materiellen Rettung und Hebung bedürftigen Stand für die Mit- und Nachwelt als ein Werk der göttlichen Vorsehung hingestellt. Und fürwahr, die göttliche Vorsehung hat Kolping nicht bloß zu diesem Werke berufen, sondern von zartester Kindheit an bis zu seinem in diesem Berufe vollendeten Mannesalter als Werkzeug auserwählt, mit allen jenen natürlichen und übernatürlichen Gnadengaben ausgestattet, die ihn befähigten, das Werk Gottes begründen und fortsetzen zu helfen."

Im weiteren Verlauf des vierseitigen Briefes begründete Kardinal Gruscha sein Anliegen des Seligsprechungsprozesses für Adolph Kolping. Kardinal Fischer beantwortete am 8. September 1906 das Schreiben von Kardinal Gruscha und teilte dessen Überzeugung, meinte aber, die Zeit sei für die Einleitung eines Verfahrens noch nicht reif:

„Eminenz, mit tiefer Rührung habe ich Kenntnis genommen von dem schönen Schreiben vom 8. v. Monats, in welchem Eure Eminenz in eingehender Darlegung den Wunsch aussprechen, es möge das Verfahren auf Selig- und Heiligsprechung des in Gott ruhenden Gesellenvaters Adolph Kolping eingeleitet werden.

Kolpings Andenken ist ein Segen und sein Grab in Ehren, und mit Eurer Eminenz hege ich den Wunsch, es möge ihm die Ehre der Altäre zuteilwerden.

Allein da es Sache Gottes ist, dieses herbeizuführen durch Wunderwerke, so wird, solange solche nachweisbar nicht vorliegen, die Sache noch nicht anhängig gemacht werden können. Inzwischen mögen die Söhne Kolpings allerwärts beten, dass Gottes Güte unsere auf die Verherrlichung ihres geistlichen Vaters gerichteten Wünsche erfüllen möge."

Der Deutschland-Besuch von Papst Johannes Paul II. am 15. November 1980: Papst Johannes Paul II. in der Minoritenkirche

Prozessverlauf für die Seligsprechung Adolph Kolpings

Im Jahre 1926 wurde auf erneute Anregung durch die Zentralversammlung des Kolpingwerkes der USA der Seligsprechungsprozess für Adolph Kolping offiziell begonnen. Durch das Dritte Reich wurde die Arbeit der kirchlichen Behörden stark eingeschränkt, so dass der Prozess fast zum Erliegen kam. Erst am 10. Oktober 1950 wurde in Rom der „Informativprozess" eröffnet. Am gleichen Tag wurden die Prozesse „Super non cultu" und „Super scriptis" ebenfalls eröffnet. Mit dem „Decretum approbatum scriptorum" vom 1. März 1955 wurde dieser erste Teil des Prozesses abgeschlossen.
Die von dem Kölner Gericht eingereichten Prozessunterlagen erfüllten aber nicht die wissenschaftlichen Anforderungen der Ritenkongregation in Rom, die für einen historischen Prozess erforderlich sind. Daher kam es erneut zum Stillstand im Prozessverlauf.
Auf Anregung von Prälat Prof. Dr. Theodor Schnitzler und auf Antrag von Generalpräses Prälat Heinrich Festing wurde am 8. November 1972 durch Seine Eminenz Josef Kardinal Höffner, dem Protektor des Internationalen Kolpingwerkes, eine Historische Kommission zur Erarbeitung der Prozessunterlagen für einen neuen „Historischen Prozess" eingesetzt.
Diese Historische Kommission wurde geleitet von Prälat Schnitzler, der noch Erfahrungen aus dem Diözesanprozess beisteuern konnte. Die

Kommission arbeitete ehrenamtlich und trug wichtiges, bisher nicht bekanntes Material für den nun in Rom zu führenden Prozess zusammen. Mit der Erarbeitung der einzelnen Prozessteile (Schriftenprozess, Prozess über Lebenswandel und Tugendgrad des Dieners Gottes Adolph Kolping) sowie der „Informatio“ (Einleitung der Prozessakte) wurde der Archivoberrat des Erzbistums Köln, Dr. Joachim Kracht nach dem Tod von Prälat Schnitzler durch Kardinal Höffner beauftragt.
Am 24. Februar 1987 hat die Historische Kommission der Kongregation für die Selig- und Heiligsprechungsverfahren ihr positives Votum über die Prozessakte („Positio causae“) abgegeben. Damit ging der Prozess in die zweite Instanz, in die Theologische Kommission. Diese hat am 22. Juli 1988 einstimmig ihre positive Zustimmung begründet. Am 22. April 1989 hat die dritte und letzte Kommission, die Kardinalskommission in Rom, ebenfalls einstimmig ihr positives Urteil abgegeben. Daraufhin konnte der Heilige Vater Johannes Paul II. am 13. Mai 1989 das Dekret über den heroischen Tugendgrad verkünden, das heißt, dass gegen die Verehrung Adolph Kolpings nichts mehr einzuwenden war.

Gebet des Papstes am Kolpinggrab

Gebet des Papstes am Grab von Johannes Duns Scotus, einem der bedeutensten Theologen des Mittelalters

Der Wunderprozess

Für die Seligsprechung Adolph Kolpings war aber auch der Nachweis zweier Wunder erforderlich, die seiner Fürbitte zugeschrieben werden. Kardinal Höffner hat unter der Leitung des Steyler Missionars Prof. Dr. Paul Zepp eine Kommission aus Ärzten eingesetzt, um die vorgelegten Heilungsberichte in zwei Krankheitsfällen zu prüfen. Für diese Kommission und die medizinische Bewertung konnten international anerkannte Mediziner gewonnen werden.

Nach der Anerkennung der Glaubwürdigkeit einer übernatürlichen Heilung durch die diözesane Kommission sind die gesamten Akten von einem medizinischen Gremium in Rom erneut überprüft worden, womit nach dem Kirchenrecht erst nach der Verkündigung des heroischen Tugendgrades begonnen werden durfte.

Am 24. Januar 1990 haben die fünf Mitglieder des römischen Ärztegremiums einstimmig geurteilt: „Die extrem rasche, vollständige und dauerhaftige Heilung ist aufgrund unserer wissenschaftlichen Kenntnisse nicht erklärbar." Daraufhin hat die Theologenkommission auf ihrer Sitzung „super miro" am 18. Mai 1990 die wesentliche Gültigkeit der juristischen und theologischen Beweise anerkannt und den Zusammenhang – in der strikten Verbindung von Ursache und Wirkung – zwischen den Anrufungen

des Dieners Gottes, Adolph Kolping, und dem wunderbaren Ereignis der Heilung festgestellt.
Am 23. Oktober 1990 hat die Kardinalskommission das Urteil der Theologen bekräftigt. Mit der Promulgation des Dekretes über den Wunderprozess am 22. Januar 1991 hat der Heilige Vater Papst Johannes Paul II. dann den gesamten Seligsprechungsprozess abgeschlossen. Durch die Seligsprechung am 27. Oktober 1991 auf dem Petersplatz in Rom hat er Adolph Kolping zur Ehre der Altäre erhoben und zum Patron des Kolpingwerkes erklärt. Den Gedenktag Adolph Kolpings begehen wir an seinem Todestag, dem 4. Dezember, der zugleich sein Geburtstag für das ewige Leben ist.

Die Seligsprechung Adolph Kolpings am 27. Oktober 1991 auf dem Petersplatz in Rom

Am Sonntag, dem 27. Oktober 1991, hat Papst Johannes Paul II. Adolph Kolping in einem feierlichen Gottesdienst auf dem Petersplatz seliggesprochen. Wer die Gelegenheit hatte, unter den über 80 000 Pilgern dabei zu sein und die Seligsprechung mitzuerleben, wird dieses Ereignis nicht vergessen. In Rom spürte jeder den Geist der Weltkirche, erlebte jeder die lebendige Gemeinschaft der Christen und die familienhafte Gemeinschaft des Internationalen Kolpingwerkes. Am deutlichsten spürte man dies bei der Eucharistiefeier mit dem Heiligen Vater und bei den folgenden Dankgottesdiensten in den Hauptkirchen von Rom: Hier waren praktizierende Katholiken beisammen. Man erlebte förmlich, dass Vater Kolping in seiner Gemeinschaft lebendig ist.
Dies war nicht bloß eine flüchtige Euphorie über die im Internationalen Kolpingwerk lang herbeigesehnte Seligsprechung des Gesellenvaters. Es war auch nicht allein das Bad in der Riesenschar gleichgesinnter Kolpingmitglieder aus über 50 Ländern der Erde, was die Seligsprechung in Rom für alle zu einem bleibenden Erlebnis werden ließ. Papst Johannes Paul II. hat sehr deutlich ausgedrückt, worin die Rom-Pilger sich wiederfanden: „Adolph Kolping ist ein Christ gewesen, der sich in seinem Glauben nicht von der Weit ausschloss, sondern als Christ die gesellschaftliche Wirklichkeit mitgestaltete."
Das hat er in seiner Ansprache sehr deutlich zum Ausdruck gebracht. Hier nun der volle Wortlaut:

Bei den Worten der Seligsprechung des Papstes wurde die „Gloriole" enthüllt

Vor der mächtigen Fassade des Petersdoms leuchtet das Bild Adolph Kolpings „Gloriole" hervor

Papst Johannes Paul II. spricht Adolph Kolping selig

„Liebe Mitbrüder im Kardinalskollegium!
Liebe Mitbrüder im Bischofs- und Priesteramt!
Liebe Mitglieder im weltweiten Kolpingwerk!
Liebe Schwestern und Brüder!
Unser Retter Jesus Christus ... hat das Licht des Lebens gebracht durch das Evangelium (vgl. 2 Tim 1,10).
Der Text des heutigen Evangeliums nach Markus erinnert uns an die Heilung des Blinden. Das Evangelium enthüllt seinen Namen: Bartimäus. Er ruft seinen Hilfeschrei ins Gedächtnis, der voller Verzweiflung und gleichzeitig voller Hoffnung ist: ‚Sohn Davids, Jesus, hab Erbarmen mit mir' (Mk 10,47). Und schließlich seine ergreifende Bitte: ‚Rabbuni, ich möchte wieder sehen können' (Mk 10,51). Und Jesu Antwort: ‚Geh! Dein Glaube hat dir geholfen' (Mk 10,52).
Dies ist eines jener Zeichen, die Jesus von Nazareth gesetzt hat. Durch das besonders beredte Zeichen des Wiedererwerbs der Sehkraft für den Blinden wirft Jesus das Licht auf sein Leben. Die gesamte Sendung Christi ist erfüllt von diesem Eindruck. Er wirft durch das Evangelium göttliches Licht auf das menschliche Leben. Im Licht der Worte Christi erwirbt das menschliche Leben seinen tiefsten Sinn. Auch die verschiedenen Sphären dieses Lebens werden erleuchtet.
Heute wird Adolph Kolping als Seliger der Kirche zur Ehre der Altäre erhoben. Man kann sagen, dass das heutige Evangelium in besonderer Weise mit dem Leben und der Tätigkeit dieses Priesters zu tun hat, der im letzten Jahrhundert viele Lichter des Evangeliums auf die damals sehr schwierige Frage der sozialen Gerechtigkeit in den wechselseitigen Beziehungen von Arbeit und Kapital geworfen hat. Die Seligsprechung Adolph Kolping im Jahr, in dem wir den hundertsten Jahrestag der Enzyklika ‚Rerum novarum' feiern, ist ein besonders beredtes Zeichen.
Kolping versuchte, die Christen aus ihrer Trägheit aufzurütteln und sie an ihre Verantwortung für die Welt zu erinnern. Für ihn war das Christentum nicht bloß ‚für die Betkammern' gedacht, sondern für den Alltag und für die Gestaltung der gesellschaftlichen Wirklichkeit. Die Lebensräume, in denen sich die menschliche und christliche Berufung zu erfüllen hat, sind für ihn: die Familie, die Kirche, der Beruf und die Politik.

Über 4 500 Kolpingsbanner aus aller Welt umsäumten den Petersplatz, der bis auf den letzten Platz gefüllt war

Mit Papst Johannes Paul II. ziehen Kardinal Meisner, Protektor des Kolpingwerkes, und Prälat Festing, Generalpräses des Internationalen Kolpingwerkes, zur Sonderaudienz nach der Seligsprechung Adolph Kolpings in St. Peter ein

Kardinal Meisner und Generalpräses Festing bedanken sich für die Seligsprechung Adolph Kolpings nach der Sonderaudienz

Die Familie

Adolph Kolping wusste sehr gut, dass die Familie die erste und natürlichste Lebensgemeinschaft unter den Menschen ist. Kein Mensch kommt aus sich selbst. Vater und Mutter schenken ihm das Leben. Ein Kind braucht die Familie, braucht Freunde und Verwandte, die ihm helfen, Beziehungen zu seiner Mit- und Umwelt aufzubauen. Adolph Kolping schreibt: ‚Das erste, was der Mensch im Leben vorfindet, und das Letzte, wonach er die Hand ausstreckt, und das Kostbarste, was er besitzt, auch wenn er es nicht achtet, ist das Familienleben.'

Die Familie ist der Raum, in dem der Mensch seine ersten Lebens- und Glaubenserfahrungen machen kann, um dann auf dieser Erfahrungsfolie alle späteren Welt- und Glaubenserfahrungen zu bewältigen.

Bei all dem wusste Kolping um die Gefährdung der Familien und ihr Scheitern. Deshalb legte er einen so großen Wert auf die Heiligung der Familien. Er betonte immer wieder: ‚Im Hause muss beginnen, was leuchten soll im Vaterland.' Bleibt die Familie gesund, dann kann eine kranke Gesellschaft immer wieder gesunden. Sind aber die Familien krank, dann ist die Gesellschaft in ihrer Gesamtheit schwer gefährdet. Der Familie hat

Adolph Kolping deshalb einen entscheidenden Platz in seinem pastoral-sozialen Erneuerungsprogramm zugedacht.

Die Kirche

Für Adolph Kolping war die Kirche der Ort, an dem der Mensch das Wort Gottes hört, das ihm die Wegweisung gibt für seinen Weltauftrag, und die Sakramente empfängt, die ihm die Kraft verleihen, diesen Weltauftrag zu erfüllen. Alles, was die Kirche hat, hat sie von Jesus Christus. Sie hat all dies nicht für sich selbst, sondern für die Menschen. Mit der Kirche finden wir Christus und zugleich unsere Berufung für die Welt.
Adolph Kolping war ein Mann der Kirche. Er war geprägt durch das Evangelium Jesu und durch seine Lebenserfahrungen als ehemaliger Handwerker. Als Seelsorger wandte er sich vor allem den Ausgebeuteten und den Schwachen zu. Das waren damals die Handwerksgesellen und die Fabrikarbeiter. Sein soziales Engagement gründete in seinem Glauben. Der gab ihm die Kraft, sich im Dienst am Nächsten zu engagieren und so den Glauben an die Menschenfreundlichkeit Gottes weiterzutragen. Adolph Kolping sammelte die Handwerkgesellen und Arbeiter. Er überwand so ihre Isolation und Resignation. Die Gemeinschaft im Glauben gab ihnen die Kraft, hinauszugehen in ihren Alltag als Zeugen Christi vor Gott und der Welt.
Aus der Zerstreuung zu sammeln, in der Sammlung zu stärken, und so wieder in die Zerstreuung zu gehen, ist und bleibt unser Auftrag auch in der Gegenwart. Christen sind wir nicht nur für uns allein, sondern immer auch für andere. Wir brauchen die Mitchristen, die durch ihr Christuszeugnis uns für den eigentlichen christlichen Weltauftrag stärken.
Was muss Adolph Kolping für ein begeisterter Priester gewesen sein, dass er heute noch so viele Männer und Frauen, junge und alte Menschen für Christus und seine Kirche begeistert. Euch liebe Kolpingbrüder und -schwestern, ist das Erbe Adolph Kolpings anvertraut. Gebt es weiter an die kommenden Generationen.

Der Beruf

Die Schatten der Ungerechtigkeit, der Ausbeutung, des Hasses und der Demütigung der Menschen beherrschten im 19. Jahrhundert die Situation der Handwerksgesellen und Fabrikarbeiter.
Adolph Kolping setzte in erster Linie auf den Menschen. Nicht die Strukturen müsse man zuerst ändern, sondern die Menschen. Getragen vom

Glauben an Gott, der das Glück aller Menschen will, begann Kolping eine geduldige Erziehungsarbeit. In Wort und Schrift, durch überlegtes Planen und Handeln, versuchte er mit seinen Mitarbeitern dem Evangelium Raum und Stimme in der Welt der Arbeit zu verschaffen. Sie wurde für Adolph Kolping und sein Werk zum Betätigungsfeld seines werktätigen und weltnahen Christentums.
Er ist mit seiner Idee Wegbereiter und Vorläufer der großen päpstlichen Sozialenzykliken, die mit ‚Rerum novarum' (1891) begannen und mit ‚Centesimus annus' in diesem Jahr ihre vorläufig letzte Nachfolgerin gefunden haben. Die Kirche steht zum arbeitenden Menschen. Mit der Seligsprechung Adolph Kolpings möchte die Kirche diese arbeitenden Menschen ehren.

Die Politik
Verantwortung für die Gesellschaft und für die Gemeinschaft der Menschen zu übernehmen, war für Adolph Kolping die Konsequenz aus dem Evangelium. ‚Auf unser tätiges Christentum kommt es an', schrieb Kolping, ‚ob die Welt zu christlicher Ordnung zurückkehrt. Nur dürfen wir dieses tätige Christentum nicht zwischen Kirchenmauern und Krankenstuben allein oder in unseren häuslichen Kreisen einschließen wollen, sondern müssen es ins Leben hinaustragen'. Darum befähigte und ermutigte er seine Freunde, in Politik und Gesellschaft Verantwortung zu übernehmen. Christen dürfen sich nicht zurückziehen, sondern haben in der Welt der Arbeit und an den Schaltstellen der Politik ihren Platz und ihren unverzichtbaren Auftrag. Kolping wusste: ‚Die Kirche kann und darf sich von der sozialen Frage nicht zurückziehen ... Sie muss ins Leben treten und darf den Kampf nicht scheuen.'
Die Kirche, liebe Schwestern und Brüder, das sind wir alle! In vielen Ländern Europas sind die kommunistischen Zwangsregime zusammengebrochen. Was wird nun an ihre Stelle treten? Was ist die Alternative zur marxistischen Gesellschaftstheorie, deren Konsequenzen die Welt ruiniert haben? Die Alternative, die Adolph Kolping anbietet, gründet im Evangelium. ‚Man wird die wirkliche Lage der Verhältnisse in der politischen und sozialen Welt nie recht und ganz verstehen, wenn man nicht zugleich auch die religiöse ins Auge fasst. Die Religion ist und bleibt, mag man sie anerkennen oder nicht, die tiefste, die erste und die letzte Frage im Menschen.' Daraus ergibt sich: Verantwortung vor Gott für die Welt. Dafür steht Adolph Kolping als Zeuge heute vor uns.

Unser Retter Jesus Christus hat dem Tod die Macht genommen (vgl. 2 Tim 1,10).
Wir nehmen an der Eucharistiefeier teil, die das Sakrament des Sieges Christi ist, der den Tod überwunden hat, indem er ihn als Opfer für die Sünden der Welt angenommen hat. Dadurch hat er Licht auf unser menschliches Leben und auf den Tod geworfen: das entscheidende und gründlichste Licht. Die Auferstehung Christi ist auch das letzte Wort des Evangeliums, das uns – wie dem Blinden in der heutigen Liturgie – die Augen öffnet für so viele Bereiche des menschlichen Lebens.
Danken wir dem auferstandenen Herrn, dass er im rechten Augenblick der Geschichte seinen Diener Adolph Kolping zu seinem klugen und treuen Werkzeug für das ‚soziale Evangelium' berufen hat: des Evangeliums von den Rechten des arbeitenden Menschen, des Evangeliums von der Würde der menschlichen Arbeit. Danken wir Christus, dass Adolph Kolping am heutigen Tag als Seliger der Kirche zur Ehre der Altäre erhoben worden ist. Amen."

Nach der Seligsprechung wurden die Gebeine des seligen Adolph Kolping in das neu geschaffene Hochgrab vor dem Seitenaltar in der Minoritenkirche zu Köln umgebettet

Tabellarischer Lebenslauf und Aufgabenbereich während meiner Amtszeit

10.12.1930	geboren in Ratsiek, Kreis Detmold
1937-1945	Volksschule Sabbenhausen, Kreis Detmold
1945-1948	Ausbildung im Tischlerhandwerk in Lügde, Lippe, mit Abschluss der Gesellenprüfung am 17. 5. 1948
1948-1952	Handwerksgeselle im Tischlerhandwerk in Lügde, Lippe
1952-1956	Abendgymnasium Neuss a. Rhein, mit humanistischem Abitur-Abschluss am 17. 7. 1956
1956-1958	Studium der Philosophie und Theologie in Paderborn, mit Abschluss des philosophischen Staatsexamens
1958-1959	Studium der Theologie in Lyon/Frankreich
1959-1961	Studium der Theologie in Paderborn, mit Abschluss des theologischen Staatsexamens
21.12.1961	Priesterweihe im Hohen Dom zu Paderborn
1962-1965	Vikar an der St.-Martinus-Kirche in Bigge im Sauerland
1965-1972	Diözesanpräses des Kolpingwerkes in der Erzdiözese Paderborn
18.03.1972	Wahl zum Generalpräses des Internationalen Kolpingwerkes und zum Zentral- bzw. Bundespräses des Deutschen Kolpingwerkes. Die Amtszeit als Generalpräses des Internationalen Kolpingwerkes endete nach viermaliger Wiederwahl im Jahre 2002. Die Amtszeit als deutscher Bundespräses endete mit der Ämtertrennung im November 1996.

20.05.1982	Erste Wiederwahl als Generalpräses in Innsbruck für weitere fünf Jahre
26.05.1987	Zweite Wiederwahl als Generalpräses in Rom für weitere fünf Jahre
10.03.1992	Dritte Wiederwahl als Generalpräses in São Paulo für weitere fünf Jahre
05.05.1997	Vierte Wiederwahl als Generalpräses in Köln für weitere fünf Jahre
29.04.2002	Ende der Amtszeit als Generalpräses von Prälat Heinrich Festing nach Neuwahl des zukünftigen Generalpräses
1972-2002	Rektor der Minoritenkirche zu Köln (Grabeskirche Adolph Kolpings)
1972-2002	Präses und Vorsitzender des „Kolpinghaus International", das von Adolph Kolping als erstes Gesellenhaus errichtet wurde, Köln
1972-2002	Vorsitzender „Verband der Kolpinghäuser e. V.", Köln
1972-2002	Mitglied in der „Heimvolkshochschule Weberhaus Nieheim des Kolpingwerkes Diözesanverband Paderborn", Paderborn
1972-1984	Mitglied im Ältestenrat der „Arbeitsgemeinschaft der katholischen Verbände", Bonn-Bad Godesberg
1972-1997	Vorsitzender „Kolping-Familienferienwerk e. V.", Deutschland, Köln
1972-1997	Vorsitzender „Familienferienwerk der Deutschen Kolpingsfamilie e. V.", Köln

1972-1997	Vorstandsmitglied der „Arbeitsgemeinschaft für Entwicklungshilfe e. V." (AGEH), Köln-Deutz
1973-2002	Vorsitzender „Sozial- und Entwicklungshilfe des Kolpingwerk e. V.", Köln
1973-2010	Vorsitzender „Internationale Jugendburg Kolpinghaus auf Schönburg Oberwesel am Rhein", Oberwesel
1973-1996	Mitglied im „Zentralkomitee der Deutschen Katholiken", Bonn-Bad Godesberg
1982-1996	Mitglied des Geschäftsführenden Ausschusses im „Zentralkomitee der Deutschen Katholiken", Bonn-Bad Godesberg
1984-heute	Mitglied des Beirates des „Berufsbildungswerkes Brakel e. V.", Brakel
1992-1996	Vorsitzender „Familienferien-Bungalow-Siedlung Schirgiswalde e. V." (Sachsen), Dresden
1995-2001	Europa-Präses „Kolpingwerk Kontinentalverband Europa", Paderborn
1996-2002	Mitglied im „Kuratorium der Stiftung des KölnHandwerks zur Förderung des demokratischen Staatswesens e. V.", Köln
1970-heute	Mitglied im „Ritterorden vom Heiligen Grab zu Jerusalem", Köln und Paderborn
1974-2003	Geistlicher Leiter (Prior) der Kölner Komturei des „Ritterordens vom Heiligen Grab zu Jerusalem", Köln
2002-heute	Ab 1. Juli: Ruhestand in der Heimatgemeinde Sabbenhausen, Subsidiar für die Seelsorge in der Heimatpfarrei St. Michael Falkenhagen, Lippe

Ehrungen und Auszeichnungen

29.03.1968	Auszeichnung mit der SILBERNEN PLAKETTE DES HEILIGEN LANDES. Urkundlich bestätigt durch den Custos des Heiligen Landes, Pater Antonius Guerza, Jerusalem.
09.06.1971	Aufnahme in den RITTERORDEN VOM HEILIGEN GRAB ZU JERUSALEM. Urkundlich bestätigt durch Se. Eminenz Eugen Kardinal Tisserant, Rom.
13.06.1972	Ernennung zum MONSIGNORE. Urkundlich bestätigt durch Papst Paul VI., Rom.
19.04.1979	Ernennung zum PRÄLATEN. Urkundlich bestätigt durch Papst Johannes Paul II., Rom.
19.11.1979	Ernennung zum KOMTUR DES RITTERORDENS VOM HEILIGEN GRAB ZU JERUSALEM. Urkundlich bestätigt durch Se. Eminenz Maximilian Kardinal von Fürstenberg, Rom.
15.11.1985	Auszeichnung mit dem VERDIENSTKREUZ AM BANDE DES VERDIENSTORDENS DER BUNDESREPUBLIK DEUTSCHLAND. Urkundlich betätigt durch Bundespräsident Prof. Dr. Richard von Weizäcker, Bonn.
16.01.1987	Ernennung zum EHRENDOMHERRN AN DER HOHEN DOMKIRCHE ZU KÖLN. Urkundlich bestätigt durch Se. Eminenz Josef Kardinal Höffner, Köln.
08.12.1991	Auszeichnung mit dem ADOLPH-KOLPING-PREIS 1991 DER STADT KERPEN. Urkundlich bestätigt durch den Bürgermeister der Stadt Kerpen, Peter Müller, Kerpen.

10.06.1992	Auszeichnung mit der SILBERNEN PALME DER STADT JERUSALEM. Urkundlich bestätigt durch den Großmeister des Ritterordens vom Heiligen Grab zu Jerusalem, Se. Eminenz Giuseppe Kardinal Caprio, Rom.
24.11.1995	Auszeichnung mit der KONRAD-MARTIN-MEDAILLE DES KOLPINGWERKES PADERBORN. Urkundlich bestätigt durch das Kolpingwerk Diözesanverband Paderborn, Paderborn.
17.08.1998	Auszeichnung mit dem VERDIENSTKREUZ 1. KLASSE DES VERDIENSTORDENS DER BUNDESREPUBLIK DEUTSCHLAND. Urkundlich bestätigt durch Bundespräsident Dr. Roman Herzog, Berlin.
22.11.2000	Auszeichnung mit dem ORDEN PRO CULTURA HUNGARIA. Urkundlich bestätigt durch den Minister für Nationales Kulturerbe, Herrn Rockenbauer Zoltan, Budapest, Ungarn.
19.01.2002	Ernennung zum APOSTOLISCHEN PROTONOTAR SUPER NUMERUM. Urkundlich bestätigt durch Papst Johannes Paul II. und überreicht durch Se. Eminenz Joachim Kardinal Meisner, Rom/Köln.
28.09.2013	Auszeichnung mit der GOLDENE PILGER-MUSCHEL des Ritterordens vom Heiligen Grab zu Jerusalem. Urkundlich bestätigt durch den Lateinischen Patriarchen von Jerusalem, S.S. Fouad Twal, Jerusalem.

Schlussbemerkung und Dankesworte

Meine „Erinnerungen“ sollen dazu beitragen, die „bewegte Zeit“ der kommunistischen Herrschaft in Osteuropa und des Dritten Reiches in Deutschland mit ihren „unerfreulichen Ereignissen“ nicht zu vergessen. Demgegenüber sollen sie aber auch die erfreuliche und positive Entwicklung des Internationalen Kolpingwerkes nach dem Zweiten Weltkrieg in der Dritten Welt und in Osteuropa nach der „Wende“ im Jahre 1989 festhalten.

Mein aufrichtiger und herzlicher Dank gilt allen, die mir bei der Erstellung dieses Buches geholfen haben. Besonderen Dank schulde ich Frau Daniela Müller aus Höxter-Bödexen, die den Text nach Diktat oder handschriftlichen Aufzeichnungen geschrieben hat. Ebenso herzlich danke ich auch Herrn Günter Reker, Lügde-Sabbenhausen, für die Anfertigung und Auswahl der Fotos.

Für die Gruß- und Geleitworte zu diesem Buch danke ich Herrn Erzbischof Hans-Josef Becker, Paderborn; Herrn Generalpräses Otmar Dillenburg, Köln; Herrn Diözesanpräses Ansgar Wiemers, Paderborn; und Herrn Pfarrer Richard Steilmann, Bigge. Schließlich gilt mein Dank dem Bonifatius-Verlag in Paderborn, der die Veröffentlichung meines Buches übernommen hat.

Dieses Buch widme ich meiner Cousine, Frau Lona Niemann, die mir seit meiner Priesterweihe nicht nur den Haushalt geführt hat, sondern mir darüber hinaus auch stets behilflich war, damit ich die Aufgaben erfüllen konnte, über die ich in dem vorliegenden Buch nur auszugsweise berichten konnte.

Heinrich Festing
Prälat

Verfasste und herausgegebene Bücher von Heinrich Festing

Adolph Kolping – Aus dem Glauben leben
Gedanken für jeden Tag
1978 Verlag Butzon & Berker,

Mit Gott durch das Jahr
Im Geiste Adolph Kolpings beten. Meditationen für jeden Tag
1979 Verlag Herder, Freiburg im Breisgau

Adolph Kolping und sein Werk
Ein Überblick über Leben und Wirken des großen Seelsorgers und Sozialreformers sowie über die Entwicklung seines Werkes bis heute
1981 Verlag Herder, Freiburg im Breisgau

Wege zum Heil
Was bedeuten die christlichen Tugenden: die Zehn Gebote, die Werke der Barmherzigkeit, die Seligpreisungen für uns?
1982 Verlag Herder, Freiburg im Breisgau

Was Adolph Kolping für uns bedeutet
Das Geheimnis des großen und bedeutenden Seelsorgers und Sozialreformers Adolph Kolping
1985 Verlag Herder, Freiburg im Breisgau

Adolph Kolping
Auf dem Glauben ruht das Leben
Kernworte Adolph Kolpings für das religiöse Leben und Verhalten in Kirche, Familie, Beruf, Gesellschaft und Staat
1987 Verlag Butzon & Berker, Kevelaer

Betend unterwegs – Wallfahrt zu Ehren des seligen Adolph Kolping
Hilfen zur Vorbereitung und Durchführung der Wallfahrten zu den Wirkungsstätten Adolph Kolpings und seines Grabes in der Minoritenkirche in Köln
1991 Kolping-Verlag GmbH

Adolph Kolping – Ein Leitbild für unser Leben
Gottesdienstelemente zur spirituellen Vorbereitung der Seligsprechung Adolph Kolpings
Herausgegeben vom Internationalen Kolpingwerk und der Erzdiözese Köln
1991 Verlag Herder, Freiburg im Breisgau

Jetzt ist die Zeit zum Beten
Novene zu dem seligen Adolph Kolping. Neun Wortgottesdienste zu aktuellen Anlässen
1996 Verlag Herder, Freiburg im Breisgau

Adolph Kolping begegnen
Zeugen des Glaubens
In der Reihe großer Männer und Frauen in der Kirche, Gesellschaft und Politik
2003 St. Ulrich Verlag GmbH, Augsburg

Kloster und katholisches Kirchspiel Falkenhagen
2005 Bonifatius-Verlag, Paderborn

„750 Jahre Sabbenhausen"
Festschrift mit Dorfchronik
2008 Unger und Pauselius Druckerei GmbH, Hameln

anliegen: „Entwicklungshilfe" und „Missionsarbeit" zu sprechen.
Der Vorwurf gegen das Kolpingwerk in Bezug auf Generalpräses Johannes Dahl hat mich tief erschüttert und nicht mehr losgelassen. Darum habe ich sofort begonnen, der Sache auf den Grund zu gehen und nachzuforschen, was geschehen war. Schriftliche Aufzeichnungen darüber fand ich kaum vor. Daher war ich darauf angewiesen, Personen zu befragen, die das miterlebt hatten. Die wichtigste Person war Frau Gertrud Hamacher, die bereits Sekretärin von Generalpräses Hürth gewesen und nach dessen Tod von Dahl übernommen worden war. Ein weiterer wichtiger Zeitzeuge war der ehemalige „Reichs-Senior" Wilhelm Hendker aus Dortmund, der sich wie kaum ein anderer nach 1945 für den Wiederaufbau des Kolpingwerkes eingesetzt hat. Und schließlich gehörte Herr Theo Rempe, der sofort nach Kriegsende zunächst in Paderborn, dann aber in Köln Referent des Kolpingwerkes war, zu denen, die alles persönlich miterlebt haben. Diese und weitere Personen habe ich befragt, was am Ende des Zweiten Weltkrieges und danach geschah. Die Ergebnisse meiner Erkundigungen und Forschungen möchte ich im folgenden Bericht festhalten.

Ernennung von Generalpräses Heinrich Festing zum „Prälaten" am 19. April 1979 durch Papst Paul VI.

Zur Situation
Die Situation für das Internationale Kolpingwerk war nach dem Zweiten Weltkrieg viel schlimmer als nach dem Ersten Weltkrieg. Die Schweiz blieb als einziger Zentralverband vom Kriege verschont. Ungeschwächt gingen auch die Kolpingsfamilien aus Übersee in die neue Zukunft. Anders war es in allen übrigen Ländern. In Deutschland waren fast alle Kolpinghäuser beschlagnahmt, enteignet, zerstört oder in andere Hände übergegangen. Die Mitglieder waren durch Wehrmachtsdienst, Evakuierung und Vertreibung in alle Welt verstreut und konnten organisatorisch kaum erfasst